S. RENDOLET

MIKE J. CORBISHLEY

L'EMPIRE ROMAIN

ATLAS HISTORIQUE

casterman

Conception et Production

Conseillers éditoriaux :
Gillian Evans (Université de Cambridge),
Tim Cornell (Université de Londres)
et John Matthews (Université d'Oxford)

Texte original :
Mike J. Corbishley
pour Facts on File ltd,
Oxford (Grande-Bretagne)

Traduction et adaptation françaises :
Anne et Nicolas Blot

Edition française

ISBN 2 203 -171-01-4

Crédits artistiques et photographiques
Cartes : Lovell Johns ; Alan Mais.
Plans : John Brennan.
Photographies :

1 Robert Harding Associés. 5 ZEFA. 8/9 Mauro Pucciarelli. 10bg Mauro Pucciarelli. 12 Scala. 13g Leonard von Matt. 13d Conrad Helbig, Zefa. 14hd John Fuller. 14cd Alinari. 15 Giraudon. 16 Scala. 18hd Institut archéologique allemand, Rome. 21hd Mauro Pucciarelli. 24h Institut archéologique allemand, Rome. 24bg Sonia Halliday. 25hg Mario Gerardi. 25hd Ray Gardner. 25b Mario Gerardi. 26hg, 26hd, 26cd Ilse Schneider-Lengyel. 26bg Alan Hutchison. 26/27 Alinari. 27h Leonard von Matt. 27c Alinari. 28/29 Mauro Pucciarelli. 29h Malcolm Smythe. 29d Ronald Sheridan. 30 Ilse Schneider-Lengyel. 31 Mauro Pucciarelli. 32g John Fuller. 32d Mario Gerardi. 34g Jean Roubier. 34d Elsevier Archive. 36bgHirmer Fotoarchiv. 36hd Alinari. 36cd Ray Gardner. 36bd Institut archéologique allemand, Rome. 37h Ray Gardner. 37b Scala. 38hd Michael Holford. 38cd Scala. 38bg Ronald Sheridan. 38/39 Musée du Louvre. 39h Commission royale des Monuments historiques. 39c A.A.M. van der Heyden. 41d Michael Holford. 42g Mario Gerardi. 44g Roger Wood. 44d Musée de la Civilisation romaine. 46b, 46h Michael Dixon. 47 Michael Vickers. 48/49 Hayward Art Group. 50/51 Sheridan Photo Lib. 52h Brian Brake, ag. John Hillelson. 52bd Bernard Regent, Alan Hutchison Lib. 53h, 53b Sonia Halliday. 54h Michael Vickers. 54b Roger Wood. 55h Elsevier Archive. 55b Alan Hutchison Lib. 56 Brian Brake, ag. John Hillelson. 57 Scala. 60cg Michael Holford. 60cd Rheinisches Landesmuseum. 60bg Klaus Kerth, Zefa. 62h Roger Agache. 62b Dick Barnard. 63hd Elsevier Archive. 63cg Heberden, Ashmolean Museum. 63cd Bildarchiv Foto Marburg. 63bg Aerofilms. 63bd Reinisches Landesmuseum. 64h A.F.Kersting. 65 Dick Barnard. 66h British Museum. 66b Michael Holford. 68/69 Brian Brake, ag. John Hillelson. 70 Collection Université de Cambridge. 71h Société archéologique du Sussex. 71b Sunday Times. 72h Scala. 72b Michael Holford. 75 Lothar Beckel. 76h Michael Dixon. 76bg Sonia Halliday. 76bd Nikos Kontos. 78hd Photoresources. 78bg Ronald Sheridan. 78bd Edwin Smith. 79h Graham Speake. 80bg Michael Dixon. 82hd W. Wilkinson. 82cg Michael Dixon. 82bg Sonia Halliday. 83 David Brill © Société géographique nationale. 84bg Musée de Rouen. 84bd Robert Harding Associés. 86h Ronald Sheridan. 86c R.D. Wilkinson. 86b Mrs Selton Lloyd, extrait de J.B. Segal Edesse la ville sainte avec l'autorisation de Thames & Hudson. 87 Collection de Recherche, Université de Princeton. 88 Sonia Halliday. 89bg W.Brann, Zefa. 89d Sonia Halliday. 90b Musée archéologique de Florence. 90/91 Leonard von Matt.

Imprimé en Italie. Dépôt légal : août 1990 ; D. 1990/0053/63. Déposé au Ministère de la Justice, Paris (loi n° 49.956 du 16 juillet 1949 sur les publications destinées à la jeunesse).

SOMMAIRE

PRÉFACE

Ce livre présente l'histoire des Romains. Il permet de remonter vingt siècles en arrière et d'observer le monde qui les entourait. Grands bâtisseurs, les Romains étaient réputés pour leurs prouesses techniques. De nos jours, les hommes ont à leur disposition de nombreuses machines qui les assistent pour construire des édifices parfois vertigineux. Les Romains utilisaient déjà les machines. En outre, ils savaient lever les plans d'une ville et dresser des cartes précises. La détermination qui a pu les pousser à construire un cirque capable d'accueillir 250 000 spectateurs étonne encore aujourd'hui.

L'écriture et la littérature ont été introduites dans toutes les régions qui formaient l'empire. Le latin est rapidement devenu la langue commune du monde romain, tant pour les opérations commerciales que pour les transactions juridiques. Le théâtre faisait partie des distractions des Romains, tout comme la lecture d'épopées ou de poèmes. La littérature romaine a survécu à travers les siècles grâce aux moines du Moyen Age qui recopiaient les originaux anciens.

S'il est une différence marquante entre l'Empire romain et la plupart des pays d'aujourd'hui, elle réside certainement en la multitude de nations qui s'y côtoyaient. Le monde romain a compté quelque soixante millions d'habitants au moment de sa plus grande extension. Ces populations ont été rassemblées progressivement, au fil des conquêtes. La plupart du temps, les peuples nouvellement intégrés se considéraient rapidement comme de véritables Romains ; on les encourageait à le faire et, en particulier, à utiliser la langue commune qu'était le latin.

A bien des égards, on peut dire que l'Etat romain a été fondé sur l'esclavage, alors très répandu dans tout l'empire, que ce soit dans les fermes (les *villae*), les ateliers ou au sein des familles. Nombre d'entre eux étaient maltraités, mais la plupart étaient respectés par leurs maîtres, comme pouvaient l'être les domestiques du siècle dernier.

Le monde romain, très étendu, a imposé sa domination pendant de nombreux siècles. Maîtres et parents enseignaient aux enfants que la ville de Rome avait été fondée en l'an 753 av. J.C. L'empire s'effondra en 476 ap. J.C., sous les coups portés par les Barbares. Rome a donc exercé son influence pendant plus de dix siècles.

Cet ouvrage est divisé en deux grandes parties. La première, **Histoire d'un Empire**, raconte comment les Romains ont étendu leur domination sur le monde. Ces chapitres sont abondamment illustrés de cartes permettant de mettre en lumière des thèmes particuliers du texte. Ces cartes sont accompagnées de tableaux reprenant les dates clés et les événements importants de l'histoire romaine. La deuxième partie, **Géographie d'un Empire**, analyse l'influence des Romains sur les peuples conquis. Les cartes de ces chapitres se rapprochent davantage du type « atlas », et comprennent le détail des rivières, des villes, des routes, des montagnes et des plaines. L'index géographique situé à la fin de l'ouvrage permet de localiser les villes et les villages importants, sous leur appellation latine et moderne.

Cet ouvrage est avant tout un atlas, dont les cartes aident à comprendre l'histoire de Rome et à localiser les lieux et les événements essentiels. Il est possible de comparer ces cartes avec celles d'un atlas moderne pour connaître les changements qui ont eu lieu. Cet atlas est présenté par doubles-pages constituant chacun un récit complet. Ainsi peut-on le lire en commençant par le début, ou ne s'intéresser qu'à un événement particulier en lisant la double-page correspondante. Le glossaire de la page 92 comprend les définitions de certains termes historiques et romains contenus dans le livre. ■

Abréviations utilisées dans ce livre

ap. J.-C. = après Jésus-Christ
(après la naissance du Christ, début de l'ère chrétienne)
av. J.-C. = avant Jésus-Christ
env. = environ. **v.** = vers. **cm** = centimètre. **m** = mètre. **km** = kilomètre.
Pour les dates,
"début du IIIe siècle av. J.-C." par exemple signifie "vers 290 ou 280 av. J.-C.",
et "fin du IIIe siècle av. J.-C."signifie vers "220 ou 210 av. J.-C.".

Le temple de Vesta, au milieu du Forum de Rome, vu au travers de l'arc de Septime Sévère.

CHRONOLOGIE

	VIIIe -VIIe s. av. J.-C.	VIe siècle av. J.-C.	Ve siècle av. J.-C.	IVe siècle av. J.-C.	IIIe siècle av. J.-C.	IIe siècle av. J.-C.
Rome et l'Italie	**753** Fondation de Rome **616-579** Tarquin Ier Expansion de la ville	**579-534** Servius Tullius Réorganisation des tribus, de l'armée et remaniement de la Constitution **534-509** Tarquin II **509** Début de la République Rome domine le Latium	**499** Défaite des latins au lac Régille Invasions des Sabins, des Eques et des Volsques Domination des patriciens **420** Invasion de la Campanie par les Samnites **405-396** Siège et prise de Véies	Sac de Rome par les Gaulois **340** Guerre latine **338** Annexion de la Campanie à l'Etat romain **334-264** Colonisation romaine et conquête de l'Italie **327-304** 2ème guerre samnite	**298-290** 3ème guerre samnite **280-275** Invasion de Pyrrhus **v. 280** Première monnaie romaine **264-241** 1ère guerre punique **225** Invasion gauloise **218-202** 2ème guerre punique	**167** Abolition de l'impôt direct sur les citoyens romains **102-101** Défaite des Cimbres et des Teutons
	Urne-cabane villanovienne, v. 800 av. J.-C. 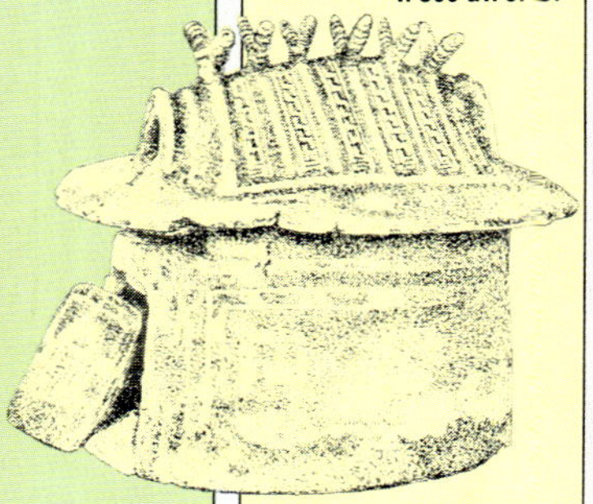	 **Apollon de Véies, v. 500 av. J.-C.**	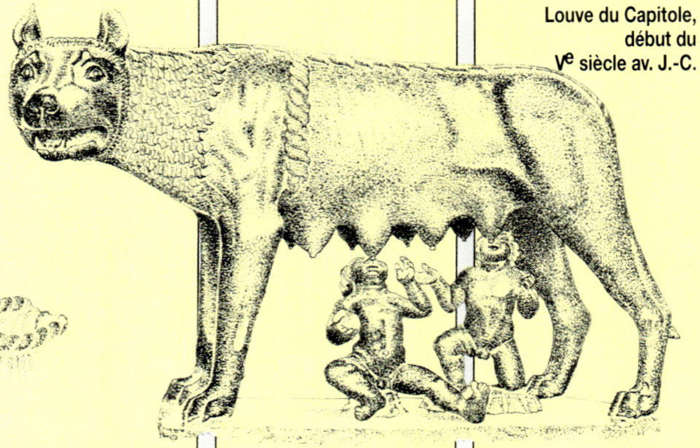		**Louve du Capitole, début du Ve siècle av. J.-C.**	 **Monnaie d'Hannibal, v. 210 av. J.-C.**
Art et Architecture	Cabanes primitives du Palatin Tombes orientalisantes de Caere, Préneste etc. Pavage du forum ; premières constructions en pierre à Rome	**v. 560** Temples de Diane, de la Fortuna et de la Mater Matuta Enceinte de Servius Tullius **509** Temple de Jupiter Capitolin Tombes peintes étrusques	**497** Temple de Saturne **493** Temple de Cérès **484** Temple de Castor **431** Temple d'Apollon	**378** Reconstruction des murs d'enceinte de Rome **312** Construction de la Via Appia et de l'Aqua Appia	**302-272** Programme de construction de temples à Rome Industrie de la céramique fine florissante à Rome **221** Cirque Flaminien	**v. 200** Apparition de l'art grec à Rome **184** Construction de la basilique Porcia sur le Forum **179** Basilique Aemilia et pont Aemilius **v. 120** Temple de la Fortune à Préneste
		**Ciste cylindrique (corbeille), v. 650 av. J.-C.**		**Le Lapis Niger, la plus ancienne inscription publique retrouvée à Rome v. 500 av. J.-C.**		**Temple circulaire du Forum Boarium, fin du IIe siècle**
Littérature latine		Premières inscriptions en latin **(v. 600)**	**451-450** Lois des Douze Tables		Appius Claudius Caecus : orateur Livius Andronicus, Naevius, Plaute, Ennius, Statius Caecilius et Pacuvius : dramaturges et poètes Caton : historien, érudit	Térence et Accius : dramaturges Pison et Caelius Antipater : historiens C. Gracchus, L.Crassus et Q. Hortensius : tribuns et orateurs

Ier siècle av. J.-C.	Ier siècle ap. J.-C.	IIe siècle ap. J.-C.	IIIe siècle ap. J.-C.	IVe siècle ap. J.-C.	Ve siècle ap. J.-C.	VIe siècle ap. J.-C.
91-89 Guerre sociale **83-82** Guerre civile : dictature de Sylla **73-71** Révolte de Spartacus **49-44** Guerre civile : dictature de César **31 av. J.-C.-14 ap. J.-C.** Règne d'Octave/Auguste	**64** Incendie de Rome **79** Eruption du Vésuve	**117-193** Dynastie des Antonins	**212** Citoyenneté accordée à tous les hommes libres des provinces	**303-305** "Grande persécution" des Chrétiens **313** Rétablissement de la liberté de culte **324-337** Règne de Constantin **395** Division de l'empire	**402** Cour impériale déplacée à Ravenne **410** Sac de Rome par les Wisigoths **455** Rome pillée par les Vandales **476** Dernier empereur d'Occident	**540** Reconquête byzantine de l'Italie
Auguste vêtu en pontife, fin du Ier siècle av. J.-C. 		 **Le Colisée, 79 ap. J.-C.**			**Dioclétien et Maximien, v. 300 ap. J.-C.**	 **Mosaïque de Justinien à Ravenne, v. 560 ap. J.-C.**
78 Tabularium 55 Théâtre de Pompée 46 Forum de César 21 Arc d'Auguste 19 Thermes d'Agrippa 17 Théâtre de Marcellus 2 Forum d'Auguste	Programme d'urbanisme d'Auguste à Rome **79** Inauguration du Colisée	**112** Inauguration du forum de Trajan **118-128** Reconstruction du Panthéon **126-134** Villa d'Hadrien à Tivoli	Edifices sévériens à Leptis Magna **216** Thermes de Caracalla à Rome **271** Enceinte d'Aurélien	Arc de Constantin Programmes de construction d'églises à Rome, Jérusalem et Constantinople	Mosaïques des églises de Ravenne	**537** Reconstruction de Sainte-Sophie à Constantinople
 **L'Arc de triomphe de Saintes**			**Le sarcophage "du bon pasteur" début du IVe siècle** 	**Boucle en or, provenant du trésor de Thetford dans le Norfolk, fin du IVe siècle**	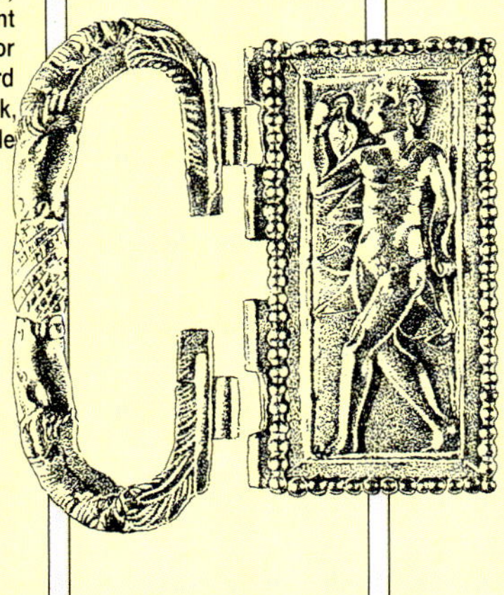	
Cicéron : orateur, philosophe César : tribun, historien Lucrèce : poète et philosophe Salluste et Tite-Live : historiens Catulle, Virgile, Horace, Tibulle, Properce, Ovide : poètes	Sénèque le Rhéteur : orateur Perse, Lucain, Martial : poètes Pline l'Ancien : naturaliste Pline le Jeune : homme de lettres Tacite : historien	Juvénal : poète Suétone : historien Apulée : romancier	Ulpien, Papinien : juristes Tertullien : apologétiste chrétien	Ausone et Claudien : poètes Ambroise, Jérôme et Augustin : écrivains chrétiens Symmaque : orateur Ammien Marcellin : historien	**v. 404** St-Jérôme traduit l'Ancien Testament en latin (Vulgate de St-Jérôme) Orose : historien Servius et Macrobe : érudits **429-437** code Théodosien Sidoine Apollinaire : poète	Boèce : philosophe Cassiodore : historien et administrateur

PREMIERE PARTIE

HISTOIRE D'UN EMPIRE

Hannibal franchissant les Alpes
pour attaquer les Romains en 218 av. J.-C.
- d'après une assiette de Capena.

L'île Tibérine à Rome
avec, au premier plan,
les ruines du pont Aemilius
(IIe siècle av. J.-C.).

Sur la Terre d'Italie

"Au-delà des contreforts des Alpes, vous atteignez les frontières d'un pays que l'on appelle désormais Italie." Voici ce qu'écrivait le géographe Strabon, à l'époque d'Auguste, le premier empereur de Rome.

Le nom "Italie" vient du latin *Italia*, mais son origine remonte probablement au mot que les Grecs prononçaient *witalia*, signifiant "le pays du bétail". Bien au-delà d'un simple "pays du bétail", allait surgir un gigantesque empire s'étendant de la mer du Nord à la mer Noire, et de l'Atlas, en Afrique, jusqu'au Danube, en Europe centrale.

Des paysages variés

L'histoire de Rome et de son empire commence avec celle de l'Italie, longue péninsule aux paysages variés. La chaîne de montagnes des Apennins, véritable épine dorsale du pays, le sillonne du nord au sud.

A l'est, seule une petite bande de terre aux sols pauvres sépare les montagnes de la côte, où l'on peut trouver quelques ports naturels. La façade occidentale jouit d'un meilleur climat et de terres mieux adaptées à l'agriculture : c'est là que la plupart des gens préféraient s'installer.

Le mont du Gran Sasso, dans la chaîne des Apennins, culmine à près de 3000 mètres. C'est le plus haut sommet d'Italie.

Les fleuves d'Italie

Le Tibre et l'Arno ont joué un rôle très important dans l'histoire des premiers peuples de la péninsule. Les plaines arrosées par ces fleuves sont fertiles et les cours d'eau peuvent être utilisés comme voies de communication intérieures. La côte occidentale offre de bons ports naturels et bénéficie de pluies plus abondantes que sur la côte orientale.

Dans le nord s'étend une vaste plaine baignée par le Pô, long fleuve de 580 kilomètres qui charrie un limon fertile. Les marécages proches de la mer Adriatique ont été assainis par les Romains grâce à un système de digues et de canaux.

D'importantes ressources naturelles

L'Italie était beaucoup plus boisée dans l'Antiquité qu'elle ne l'est aujourd'hui. Les Alpes étaient couvertes de forêts de mélèzes et d'érables, et la région de Rome abondait en pins et en hêtres. Les pierres de construction ne manquaient pas et les sols argileux permettaient de fabriquer des briques, des tuiles et des poteries. Les prairies convenaient à de nombreux animaux - bovins, moutons, chèvres et chevaux. Les Romains pratiquaient des cultures variées : blé, légumes, vignes (pour le vin) et olives (pour l'huile).

Les peuples d'Italie

Les premiers habitants établis sur cette terre fertile venaient d'horizons bien différents. Ainsi des Gaulois avaient traversé les Alpes, et des Grecs installés sur les côtes méridionales et en Sicile avaient baptisé le pays *Magna Graecia* (Grande-Grèce).

Au fil des siècles, les Romains conquirent de très nombreux pays avoisinants. Tous ces peuples devinrent progressivement "romains". C'est ainsi que l'empereur Dioclétien était originaire d'une lointaine province, la Dalmatie, aujourd'hui en Yougoslavie ; et le poète Martial se considérait comme Romain bien qu'il fût né en Espagne. ■

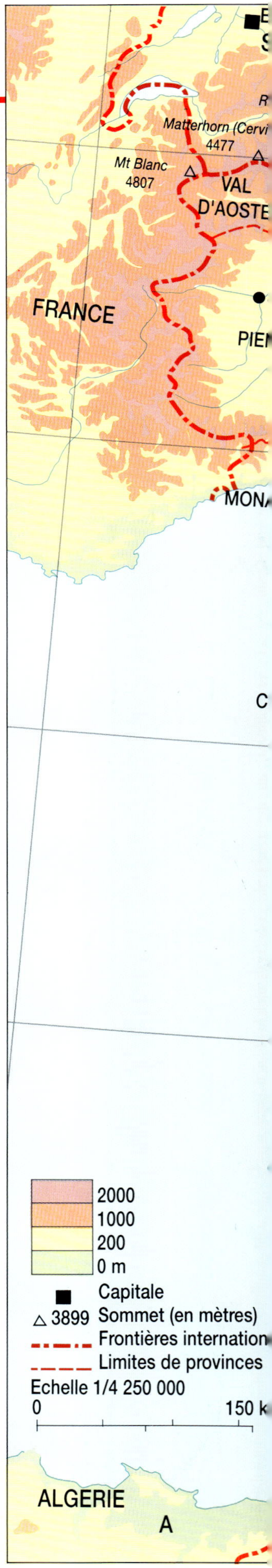

Les plaines ne couvrent qu'un cinquième de l'Italie. Les montagnes et les collines forment le reste du pays. Le climat du nord ressemble à celui d'Europe centrale, tandis que le climat du sud est typiquement méditerranéen.

AUTRICHE
Rhin
DOLOMITES
Ortler 3899
TRENTIN-HAUT-ADIGE
FRIOUL-VENETIE-JULIENNE
L. de Côme
LOMBARDIE
L. d'Iseo
VENETIE EUGANEENNE
Bergame
Brescia
L. de Garde
Vérone
Vicence
Padoue
Venise
Piave
Trieste
Tessin
Milan
Golfe de Venise
Drave
Save
Tisza
Plaisance
Parme
Ferrare
Adige
Pô
Reno
Trebbia
Bologne
Ravenne
EMILIE-ROMAGNE
La Spezia
Ronco
Forli
Rimini
YOUGOSLAVIE
Pise
Florence
Arno
SAINT-MARIN
Ancône
Arezzo
MARCHES
TOSCANE
L. Trasimène
APENNINS
Pérouse
Elbe
Ombrone
Amiata 1738
OMBRIE
Terni
L. de Bolsena
Golo
Archipel toscan
Corno 2914
Pescara
MER ADRIATIQUE
Tibre
L. de Bracciano
Amaro 2795
Rome
ABRUZZES
Sangro
MOLISE
Promontoire du Gargano
LATIUM
Sacco
Foggia
Tavolière des Pouilles
Volturno
Tirana
Bari
Ofanto
POUILLES
CAMPANIE
Naples
Vésuve 1277
MURGE
ALBANIE
Salerne
BASILICATE
Tarente
Brindisi
Capri
Tanagro
Agri
Détroit d'Otrante
SARDAIGNE
Golfe de Tarente
MER TYRRHÉNIENNE
Crati
Corfou (Grèce)
Cagliari
CALABRE
Ustica
Iles Lipari
MER IONIENNE
MER MÉDITERRANÉE
Iles Egades
Palerme
Messine
Reggio de Calabre
SICILE
Etna 3323
Détroit de Messine
Catane
Détroit de Sicile
Salso
TUNISIE
Tunis
Pantelleria
B
C
D
E
1
2
3
4
5
6

Mystérieux Etrusques

Plusieurs siècles avant les Romains, les Etrusques étaient établis dans une région au nord de Rome, appelée Etrurie. Les Romains aimaient à penser que leur pays avait été fondé par de vaillants guerriers, descendants directs des dieux. Ce qui n'empêcha pas certains historiens grecs et romains d'étudier les peuples qui les avaient précédés, et notamment ces mystérieux Etrusques.

La civilisation étrusque s'est développée dans la région fertile et vallonnée du centre-ouest de l'Italie. Au VIIe siècle av. J.-C., le territoire étrusque était divisé en douze Etats indépendants, dont chacun était doté de sa propre capitale.

Les Etats étrusques entreprirent la conquête de territoires voisins des leurs. Au VIe siècle av. J.-C. existaient des cités étrusques depuis Mantoue, au nord, jusqu'à Salerne, au sud.

Détail d'une tombe de Tarquinia. Certains tombeaux étrusques étaient recouverts de magnifiques peintures murales. D'après une inscription, on sait que cette femme se prénommait Velia.

Principales cités étrusques au VIe siècle av. J.-C. : la civilisation étrusque s'est développée entre l'Arno et le Tibre, à l'ouest des Apennins.

Un peuple riche et puissant

La richesse des Etrusques provenait de l'agriculture, du commerce avec les Grecs et d'autres peuples, et du développement de certaines industries comme la poterie ou le travail des métaux. Leurs grandes cités étaient équipées de routes, de systèmes d'adduction d'eau et de réseaux d'égouts. A dire vrai, nombre des inventions que l'on prête aux Romains sont le fait des Etrusques. Ainsi ont-ils mis au point la technique des aqueducs, permettant d'alimenter les villes en eau. Le nom même de Rome était à l'origine un mot étrusque : Roma.

Une langue perdue

L'une des raisons qui rendent la civilisation étrusque encore très mystérieuse est liée à leur langue. Celle-ci était encore parlée au IIe siècle ap. J.-C., mais après cette date, elle s'éteignit. Seules quelques inscriptions, que nous déchiffrons à peine, ont survécu au temps.

Aussi les seuls éléments d'information dont on dispose sur cette civilisation sont l'archéologie et les écrits d'auteurs grecs et romains souvent ignorants ou partiaux.

Les tombeaux et l'art étrusques

L'intérieur des tombes construites pour les riches Etrusques permet d'en apprendre davantage sur leur civilisation. Les nécropoles, situées en dehors des villes, abritaient des sépultures créées par d'habiles architectes et de talentueux artistes. De véritables maisons enterrées, entièrement meublées, étaient

Les Etrusques étaient très habiles pour le travail des métaux, du bronze en particulier. Cette statue de guerrier avait été placée dans une sépulture.

signalées en surface par de gros monticules de terre, hauts de plusieurs mètres dont on peut, encore aujourd'hui, retrouver la trace.

Les Etrusques croyaient en l'existence après la mort. Ils enterraient leurs défunts en grande cérémonie, avec des réserves de nourriture pour l'au-delà. Les morts étaient également entourés de nombreux objets, tels que bijoux, statuettes et vases.

Aujourd'hui encore, les tombes étrusques sont menacées par les chasseurs de trésors et parfois dépouillées de leurs objets d'art, revendus à prix d'or. ■

Cette tombe de Caere permet d'imaginer l'aspect intérieur d'une maison étrusque. On reconnaît un lit, un siège et un bouclier au mur.

La Naissance de Rome

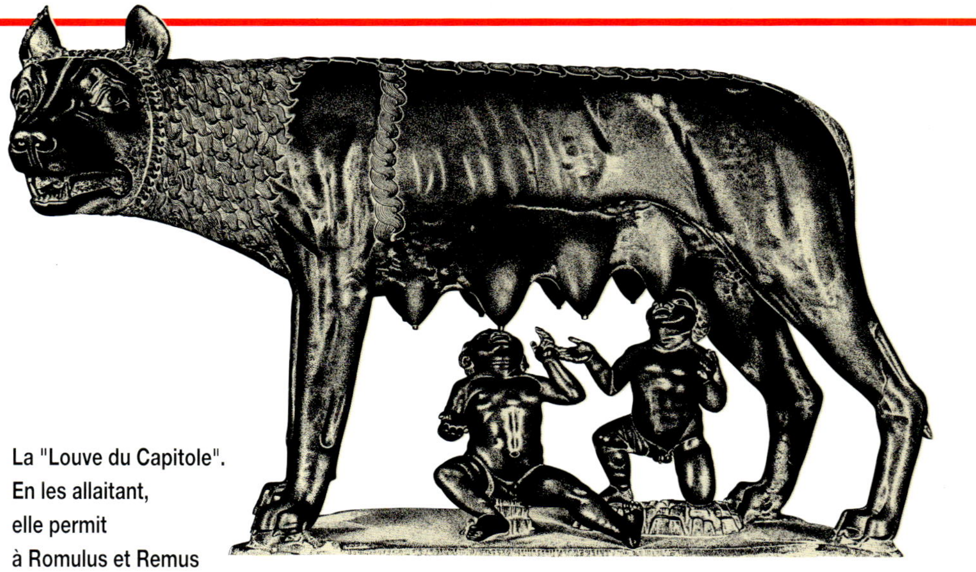

La "Louve du Capitole". En les allaitant, elle permit à Romulus et Remus de rester en vie. Cette statue en bronze est l'œuvre d'un artiste étrusque du VIe siècle av. J.-C. ; les jumeaux ont été ajoutés au début du XVIe siècle, mais il est vraisemblable qu'ils existaient dans la sculpture d'origine.

Ce symbole romain a été emprunté aux Etrusques. Le fer de hache sortant d'un faisceau de verges symbolisait le pouvoir des consuls.

En dépit de leurs conquêtes, les puissants Etrusques n'étaient pas les seuls peuples de la péninsule. Etaient également établis en Italie les Samnites, les Ombriens, les Sabins et les Latins, ces derniers étant les plus nombreux dans la région de Rome.

La langue latine

Le latin était la langue parlée par les peuples qui occupaient les plaines autour et au sud de Rome. Il s'agissait probablement d'une langue indo-européenne venue du nord, par les Alpes, au cours du IIe millénaire. A mesure que l'Etat romain se développa, l'usage du latin se répandit dans tout le monde romain. Il a d'ailleurs influencé de nombreuses langues européennes, en premier lieu le français dont la plupart des mots ont une origine latine.

Romulus et les premiers rois

La tradition veut que Romulus, son premier roi, ait fondé la ville de Rome le 21 avril 753 av. J.-C. On racontait comment Romulus et son frère jumeau Remus avaient été abandonnés dans une corbeille au fil des eaux du Tibre par le frère de leur grand-père. Sauvés et élevés par une louve, ils fondèrent une ville, une fois devenus adultes. Mais Romulus tua son frère à la suite d'une violente dispute et devint roi de la cité à laquelle il aurait donné son nom.

Le site de Rome présentait de nombreux avantages : arrosé par un fleuve, il disposait d'eau douce en grande quantité et était entouré de collines très agréables. Des années plus tard, un écrivain décrira l'endroit comme "idéal pour une cité promise à la gloire".

Que Romulus ait véritablement existé et qu'il soit devenu le premier roi romain, nul ne peut l'affirmer. En revanche, on sait que les premiers dirigeants de Rome furent aussi bien des Latins, des Sabins que des Etrusques. Les trois premiers rois furent - d'après divers récits et inscriptions - Numa Pompilius (un Sabin), Tullus Hostilius (un Latin) et Ancus Martius (un autre Sabin).

Trois rois étrusques leur succédèrent : Lucius Tarquinius Priscus (Tarquin l'Ancien), Servius Tullius et Lucius Tarquinius, connu sous le nom de Tarquin le Superbe. Ce dernier, monté sur le trône en assassinant son beau-père, était détesté du peuple en raison de l'autorité arrogante dont il faisait preuve. Il fut chassé par les Latins en 509 av. J.-C. et son régime remplacé par une forme de gouvernement totalement différent, la République.

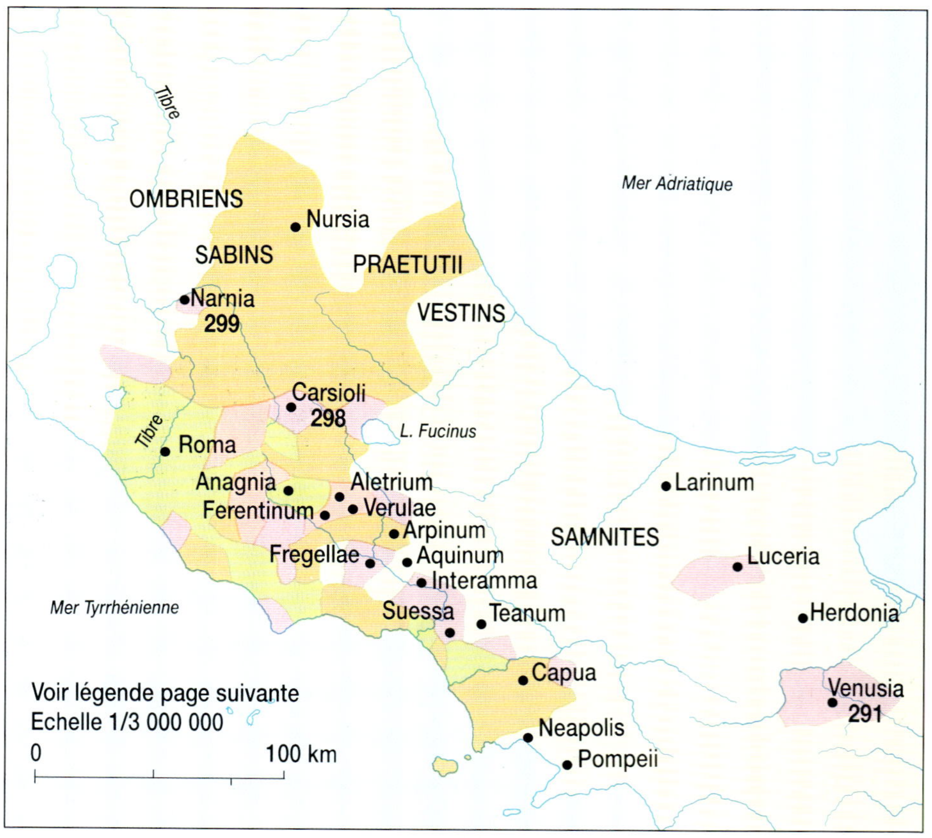

Ce guerrier samnite du VIe siècle av. J.-C. porte une cuirasse qui le protège entièrement.

Les territoires romains. en 241 av. J.-C. C'est au cours des IVe et IIIe siècles av. J.-C. que Rome fit de l'Italie une véritable mosaïque de pays alliés et de colonies.

Les territoires alliés et les colonies de Rome, en 290 av. J.-C. Les Alliés fournissaient des troupes ; les colonies étaient fondées par des citoyens romains.

Gouvernement et élections

Ce sont les Romains qui inventèrent le mot "république" (en latin *res publica* : la chose publique). Ce terme signifie que les affaires devaient être gérées par le peuple lui-même. Chaque année, deux consuls étaient élus par les citoyens.

Les consuls jouissaient d'un pouvoir comparable à celui des rois : ils dirigeaient le gouvernement et contrôlaient l'armée ; mais ils n'étaient élus que pour une année et devaient se mettre d'accord avant de prendre une décision.

Des magistrats remplissaient les autres fonctions du gouvernement. Les préteurs rendaient la justice ; les censeurs effectuaient le recensement des citoyens dotés du droit de vote ; les questeurs s'occupaient des finances de l'Etat ; enfin, les édiles étaient responsables des édifices et travaux publics. Le Sénat, composé d'anciens magistrats, jouait le rôle d'un parlement qui conseillait les consuls et débattait des affaires de l'Etat.

Citoyens et conquêtes

Le peuple romain était divisé en classes. Les patriciens, dont les origines remontaient parfois à la création de Rome, étaient membres des familles nobles. Les plébéiens, quant à eux, étaient des hommes du peuple, d'origine modeste. Ils bénéficiaient du droit de vote mais ne pouvaient occuper des postes importants, tel celui de consul. Par la suite, une nouvelle classe fit son apparition, celle des chevaliers (*equites*), commerçants propriétaires de leurs terres.

Bien que l'Etat fût une république et le système de gouvernement proche de la démocratie, le droit de vote n'était pas donné à tous : les esclaves et les femmes ne pouvaient participer aux scrutins.

Au début de la République, Rome entretenait de bonnes relations avec ses voisins, mais progressivement les Romains forçèrent ceux-ci à devenir partie intégrante de l'Etat - souvent par voie de conquêtes. Ainsi débuta l'expansion de Rome, qui devait aboutir à la formation d'un immense empire. ■

En Guerre contre Carthage

"Les éléphants furent d'une très grande utilité pour les Carthaginois. L'ennemi terrifié n'osa pas s'en approcher."
(Polybe, historien romain.)

La République romaine devint de plus en plus puissante. Ses armées ayant conquis l'Italie entière et défait le roi grec Pyrrhus en 275 av. J.-C., Rome devint une force avec laquelle il fallait désormais compter dans le monde méditerranéen. Pourtant, elle n'était pas la seule "grande puissance" de cette région.
Le territoire des Carthaginois couvrait l'Afrique du nord et une partie de l'Espagne. Carthage entreprit ensuite de conquérir la Sicile, grande île proche de l'extrémité de la "botte" italienne.

Les guerres puniques

■ **Première guerre.** ■ **264 av. J.-C.** L'armée de Carthage occupe Messine. Les Romains s'emparent de la ville après avoir vaincu les Carthaginois. ■ **260 av. J.-C.** Rome rassemble sa flotte. Guerre totale. ■ **241 av. J.-C.** Carthage capitule.

■ **Deuxième guerre** ■ **221 av. J.-C.** Hannibal devient généralissime. ■ **219 av. J.-C.** Prise de Sagonte. Rome déclare la guerre. ■ **218 av. J.-C.** Hannibal franchit les Alpes. Défaite des Romains sur le Tessin et la Trébie. ■ **217 av. J.-C.** Deux légions romaines sont battues au lac Trasimène. ■ **216 av. J.-C.** Hannibal inflige aux Romains leur pire défaite, à Cannae. ■ **204 av. J.-C.** Les Romains envahissent l'Afrique du Nord. ■ **202 av. J.-C.** Défaite de Carthage à Zama ■ **183 av. J.-C.** Hannibal se donne la mort.

■ **Troisième guerre** ■ **149 av. J.-C.** La guerre éclate à nouveau. ■ **146 av. J.-C.** Carthage est anéantie. L'Afrique devient province romaine.

La première guerre punique

Les Carthaginois ayant occupé la ville de Messana (l'actuelle Messine), les Romains envoyèrent deux légions de soldats pour les écraser. La guerre totale commença alors : pendant vingt ans, ces deux puissantes nations se livrèrent des combats acharnés. Quelques années plus tard, les Romains occupèrent la Corse et la Sardaigne. La guerre prit fin en 241 av. J.-C. lors d'une bataille au large de la côte ouest de la Sicile. Rome s'empara de l'île et en fit sa première province.

Hannibal, l'ennemi de Rome

Hamilcar Barca était le commandant en chef des Carthaginois à la fin de la première guerre contre Rome. En 237 av. J.-C., il conduisit une armée en Espagne pour y conquérir de nouveaux territoires et pour défendre les établissements carthaginois. L'Espagne

Trajets des armées pendant la seconde guerre punique. Les Romains et les Carthaginois devaient pouvoir compter sur leur flotte. Au début, Carthage possédait la maîtrise des mers. Pour mener une telle guerre, les adversaires devaient disposer de finances solides.

Les Carthaginois étaient un peuple de hardis navigateurs et de négociants prospères. Pour les combattre, les Romains durent construire une flotte de guerre. Ils commencèrent par lancer cent vingt navires, puis en ajoutèrent deux cents autres, gagnant ainsi la Première guerre punique (241 av. J.-C.)

fournissait à Carthage des produits agricoles et des métaux qui permettaient de nourrir et d'équiper les armées. *"Hamilcar Barca, qui s'apprêtait à gagner l'Espagne, offrait des sacrifices aux dieux. Hannibal, alors âgé d'environ neuf ans, taquinait son père en le priant de l'emmener avec lui. Son père, encore furieux par la perte de la Sicile et de la Sardaigne, le conduisit à l'autel et lui fit jurer d'être l'ennemi de Rome dès qu'il en serait capable."* (Tite-Live)
En 221 av. J.-C., Hannibal, alors âgé de vingt-cinq ans, prit le commandement des forces carthaginoises en Espagne. Deux ans plus tard, il conquit Saguntum, une ville alliée de Rome. Les Romains lancèrent contre lui deux armées, l'une vers Carthage, l'autre vers Massilia (Marseille).

Franchir les Alpes

Hannibal surprit les Romains en franchissant les Alpes pour rejoindre l'Italie. Aucun Romain ne pouvait croire qu'il emprunterait cette route. Sa formidable armée de quarante mille hommes était accompagnée de trente-sept éléphants de combat. Lorsque, à l'issue d'une marche pénible, les troupes d'Hannibal déferlèrent sur l'Italie, il ne restait plus que vingt-six mille hommes et douze éléphants. Le conquérant fit alors venir des renforts. Il réunit ainsi cinquante mille Carthaginois, qui entreprirent de vaincre les Romains sur leur propre territoire.

Rome sauvée

Un nouveau général romain, Publius Cornelius Scipion, fut nommé pour mettre fin à cette crise. Il reprit l'offensive et força Hannibal à revenir se battre en Afrique. La guerre s'acheva par la victoire de Scipion à Zama, en 202 av. J.-C. ■

Les Légions

Les Romains devaient pouvoir s'appuyer sur une puissante armée pour conquérir les territoires qu'ils convoitaient et pour vaincre des ennemis tels que les Carthaginois.
A l'origine, les soldats romains n'étaient pas des professionnels, mais recrutés dès qu'une armée devait être mise sur pied. Tous les Romains ne pouvaient faire partie de l'armée. Seuls les citoyens âgés de 17 à 46 ans et possédant des terres avaient la possibilité d'être enrôlés. Plus tard, les hommes purent se porter volontaires afin de devenir soldats ou marins de carrière ; ils devaient alors servir au moins dix ans.

L'organisation de l'armée
Les méthodes de combat se modifièrent progressivement. De nouvelles tactiques furent inventées ou copiées sur d'autres armées. Les soldats étaient organisés en grandes unités appelées légions, d'où leur nom de légionnaires. Lors des marches, à l'entraînement et au combat, les hommes étaient regroupés en formations d'une centaine d'hommes placés sous le commandement d'un centurion.

Soldats romains combattant des tribus de Dacie, au IIe siècle av. J.-C. La différence d'équipement est nettement visible sur ce relief de la colonne Trajane.

L'équipement du légionnaire

■ Un légionnaire portait une charge d'environ 30 kg, comprenant les outils nécessaires à l'installation des campements, des sacs renfermant une scie, une chaîne, une corde, des vivres et des ustensiles de cuisine, ainsi qu'un bouclier de cuir. Les soldats apprenaient non seulement à combattre, mais aussi à construire les forts et les routes permettant de tenir les territoires conquis.

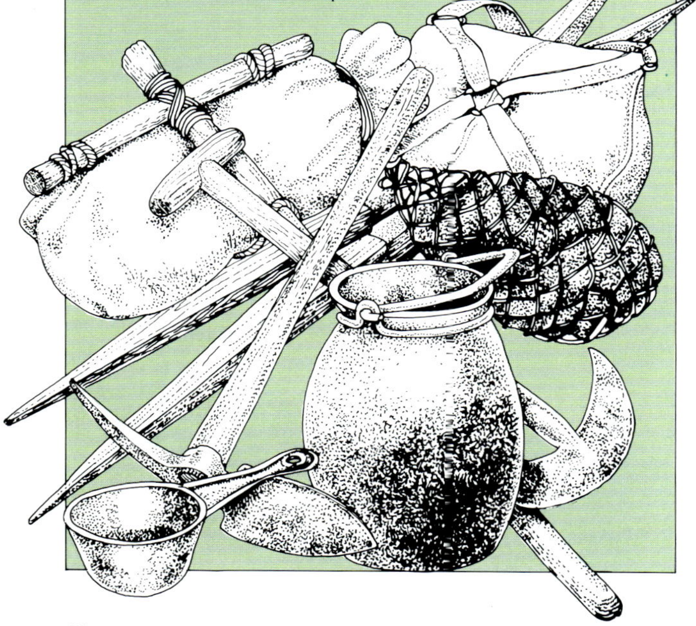

Lorsqu'ils se préparaient à la bataille, les fantassins munis d'épées et de lances se déployaient en protection devant les cavaliers et les archers.

Armes et uniformes

Les soldats romains combattaient à l'épée ou avec de longs javelots. Au fil des ans, leur uniforme et leur armure se modifièrent. Aux premiers temps de Rome, le légionnaire portait souvent un casque orné de longues plumes et une courte cotte de mailles ; il se protégeait derrière un bouclier ovale.
La forme du bouclier évolua et la cotte de mailles fut remplacée au IIe siècle ap. J.-C. par une armure faite de plaques de métal jointes, qui protégeait le thorax. Le casque du légionnaire présentait désormais des rabats qui descendaient sur la mâchoire. ■

Ce soldat est prêt à entreprendre une marche.
Outre l'équipement présenté à gauche, il emporte des provisions pour trois jours.
Lors d'une avancée en territoire ennemi,
les soldats construisaient chaque soir un campement fortifié protégé par des talus et des palissades.
Au premier plan se tient un centurion, officier placé à la tête d'une centaine d'hommes.
A ses côtés, le *signifer* porte l'enseigne de sa centurie, le *signum*.

PREMIERES ANNÉES DE CRISE

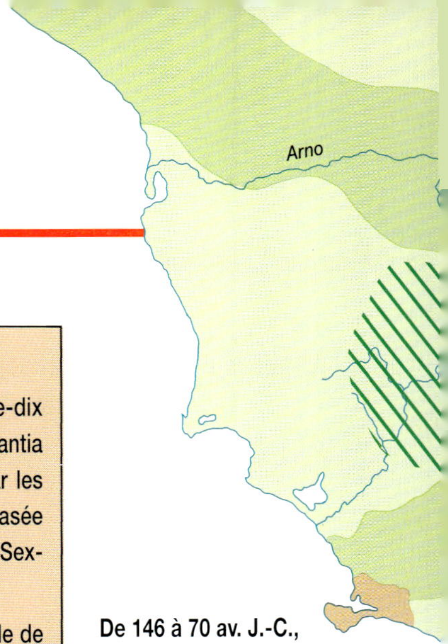

Au IIe siècle av. J.-C., Rome dut faire face à de graves menaces le long de ses frontières méridionales et orientales. Les tribus du nord - les Cimbres, les Teutons et les Ambrons - mirent en danger l'Espagne, le sud de la Gaule et même l'Italie. En 105 av. J.-C., une armée romaine entière fut massacrée à Arausio par ces guerriers venus du nord.
En Orient, le roi du Pont, Mithridate VI, occupa l'Asie et les îles grecques. En 88 av. J.-C., les habitants des territoires romains d'Asie qui avaient eu à souffrir de la domination romaine, lui réservèrent un bon accueil. Mais Mithridate fut défait en 63 av. J.-C.
Une autre menace qui pesa sur Rome fut le fait d'esclaves révoltés. Le plus dangereux soulèvement eut lieu entre 73 et 71 av. J.-C., lorsque 70000 esclaves menés par Spartacus pillèrent l'Italie. ■

Affrontements dans l'empire

■ **A l'ouest et au nord** ■ **133 av. J.-C.** Après soixante-dix années de guerre, Rome soumet les populations de Numantia (Espagne). ■ **113 av. J.-C.** Les Romains sont défaits par les Cimbres à Noreia. ■ **105 av. J.-C.** L'armée romaine est écrasée à Arausio. ■ **102 av. J.-C.** Défaite des Teutons à Aquae Sextiae. ■ **101 av. J.-C.** Les Cimbres sont vaincus à Vercellae.

■ **A l'est et en Afrique** ■ **146 av. J.-C.** Corinthe, la capitale de l'Achaïe, en Grèce, est détruite par les Romains. ■ **133 av. J.-C.** Formation de la province d'Asie ■ **112 av. J.-C.** Guerre contre le roi numide Jugurtha. Victoire romaine en 105. ■ **88 av. J.-C.** L'Asie est occupée par le roi Mithridate, puis reprise, en 85, par le général romain Sylla. 86 Sylla s'empare d'Athènes.

■ **Autour de l'Italie** ■ **136-132 et 104-101 av. J.-C.** Soulèvement des esclaves de Sicile contre Rome. ■ **126-122 et 115-111 av. J.-C.** Révoltes en Sardaigne. ■ **91-89 av. J.-C.** Guerre Sociale, entre Rome et les Alliés.

De 146 à 70 av. J.-C., Rome fut confrontée à de nombreuses menaces dans tout l'empire. Cette période de crise cessa lorsque des hommes ambitieux tels que Marius, Sylla et Pompée eurent pris le pouvoir.

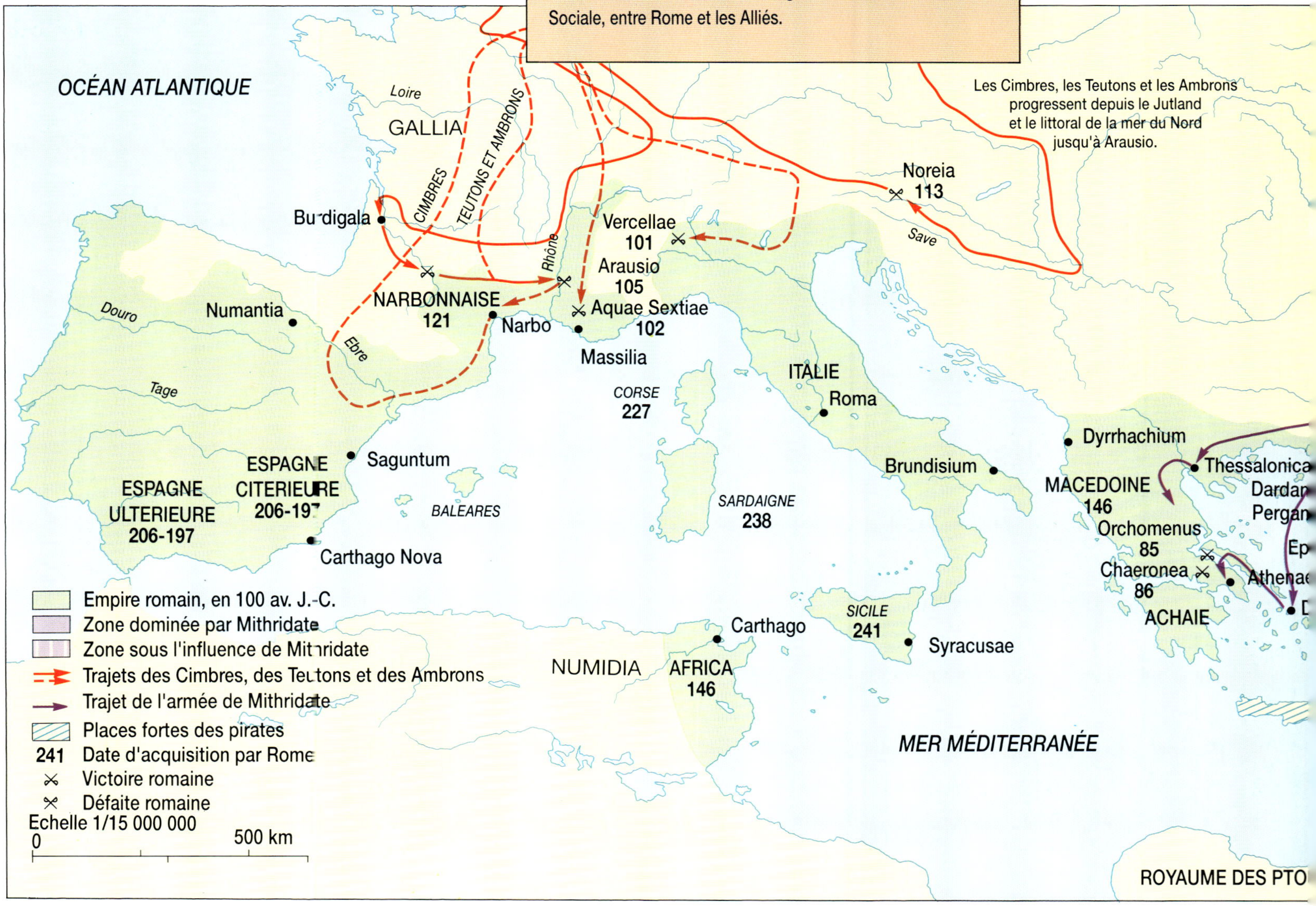

Une partie de l'enceinte de Rome, érigée en 378 av. J.-C. après la destruction de la ville par les Gaulois. Les arcades furent probablement ajoutées vers 80 av. J.-C., lors des guerres civiles.

La Guerre Sociale éclata en 91 av. J.-C. lorsque les Romains refusèrent à leurs alliés italiens le droit à la citoyenneté romaine. L'année suivante, une loi accorda le droit de cité à tous les alliés restés loyaux ainsi qu'aux communautés qui déposeraient les armes. La guerre cessa rapidement.

Rome sous la République

La ville aux sept collines

Dix siècles avant Jésus-Christ, des villages avaient été construits sur les sept collines qui allaient délimiter ultérieurement la capitale de l'Etat romain. Sous les Etrusques, les différentes communautés se regroupèrent pour former la première ville de Rome. La cité se développa et les vallons qui menaient au Tibre se couvrirent bientôt de constructions. Le port d'Ostie fut fondé à l'embouchure du fleuve. Vers 600 av. J.-C. fut construit le forum, véritable centre de la vie romaine. En 378 av. J.-C., un mur d'enceinte fut édifié autour de la ville. Sa construction a tout d'abord été attribuée à l'un des premiers rois de Rome, Servius Tullius, d'où son nom d'enceinte de Servius. La ville n'ayant jamais fait l'objet de programme d'urbanisme (au contraire des villes

La Rome républicaine. La ligne pointillée représentant l'enceinte d'Aurélien illustre l'expansion de la ville à la fin du IIIe siècle ap. J.-C.. En médaillon, un détail du premier théâtre en pierre de Rome, construit par Pompée.

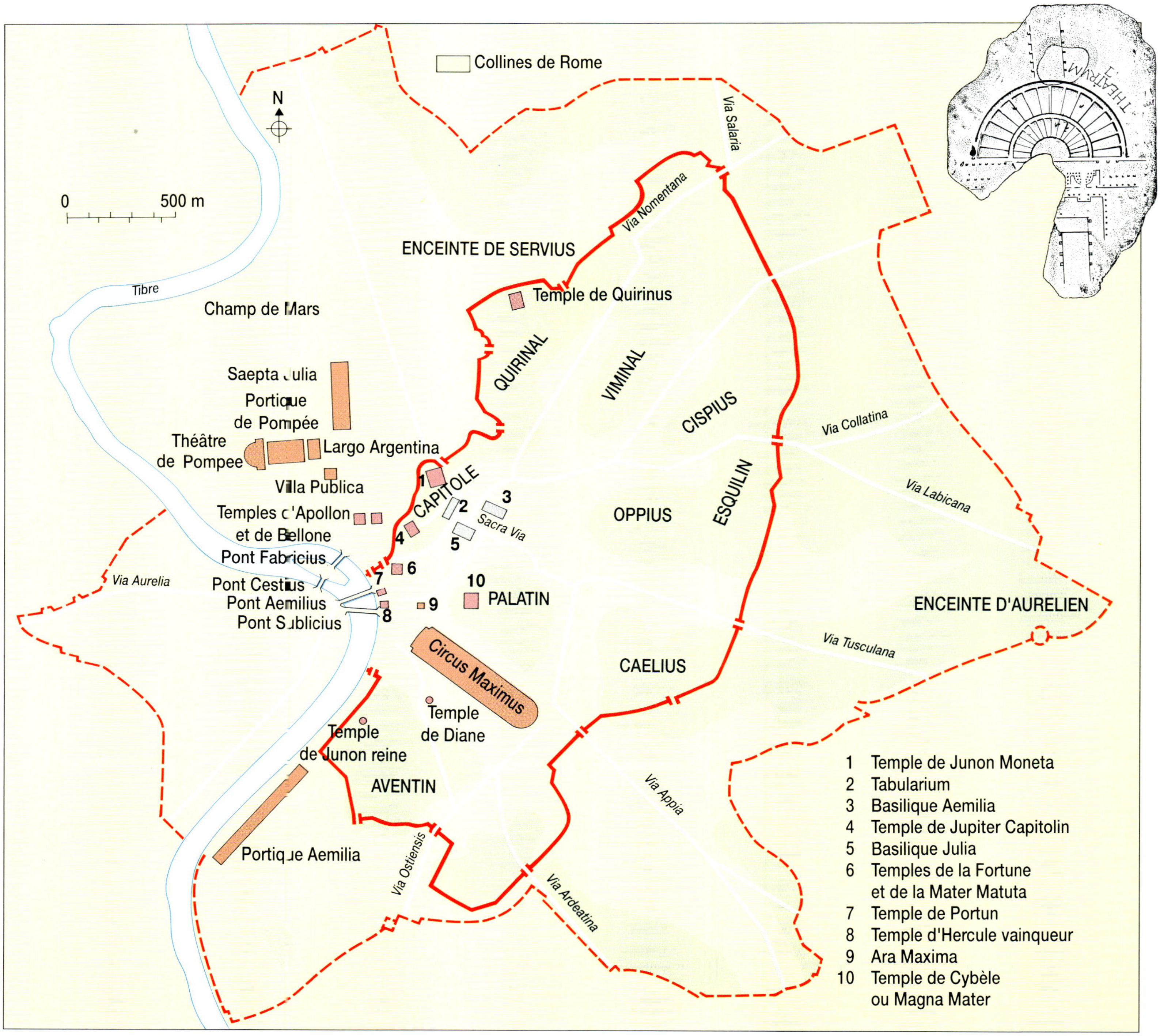

romaines ultérieures, dans les provinces en particulier), elle se développa par l'effet du hasard et de la nécessité.

L'expansion de Rome

Au IIIe siècle av. J.-C., Rome comptait environ cent mille habitants. Ce chiffre augmenta rapidement pour atteindre près d'un million sous Jules César. Les pauvres vivaient encore dans les taudis des vallons, tandis que les riches familles s'étaient installées sur les collines, où l'air était frais et plus sain.
Les besoins en eau d'une telle population étaient immenses. Plusieurs aqueducs furent édifiés pour conduire l'eau jusqu'à la cité. Un réseau de voies sillonnait Rome et reliait entre elles les villes d'Italie.

Les édifices publics

Dès la fin du IVe siècle av. J.-C., Rome était devenue une cité très prospère. De splendides édifices entouraient le premier forum, tandis que d'autres places publiques étaient aménagées. Au centre de la ville se dressaient de magnifiques temples.
Au Ier siècle av. J.-C., le Circus Maximus pouvait accueillir cent mille spectateurs lors des courses de chars. D'immenses entrepôts et des centres d'affaires tels celui de la basilique Aemilia furent construits près du fleuve et des marchés.
Il ne reste aujourd'hui que très peu de monuments datant de la Rome républicaine car ils furent, pour la plupart, remplacés par les édifices de la période impériale. ■

De grands aqueducs de pierre furent construits pour acheminer l'eau à Rome, depuis les collines. L'eau coulait dans un canal situé dans la partie supérieure de l'édifice. C'est à Appius Claudius que l'on doit le premier aqueduc de Rome (bâti en 312 av. J.-C.), d'où son nom d'Aqua Claudia. Claudius entreprit également la construction de la Via Appia, route qui reliait Rome à Capoue.

L'Ascension de Jules César

Jules César prétendait descendre des dieux, et se donnait pour ancêtre Enée, héros troyen et fils de la déesse Vénus. On a cependant pu établir qu'il était né entre 102 et 100 av. J.-C., dans une vieille famille patricienne. L'un de ses parents par alliance était Marius (homme politique ennemi du dictateur Sylla pendant la guerre civile de 83 av. J.-C.), ce qui l'aida dans sa carrière mais lui valut aussi d'entrer en conflit avec Sylla.

Au service de l'Etat

Comme tant d'autres aristocrates romains, Jules César débuta par la carrière militaire et servit notamment dans l'empire d'Orient. A son retour à Rome, il entra en politique, exerçant diverses fonctions officielles comme celles de responsable des affaires financières en Espagne, puis de chef des édifices publics de Rome, de grand prêtre et de gouverneur de l'Espagne. En 60 av. J.-C., il fut élu au poste le plus éminent, celui de consul : pendant un an, il exerça avec un autre consul un contrôle total sur le gouvernement et l'armée.

La guerre des Gaules

A l'expiration de son mandat, César prit en 58 av. J.C. les fonctions de gouverneur des provinces de Gaule et d'Italie du Nord. Il décida de mener campagne contre les Celtes, afin non seulement de rendre les territoires romains plus sûrs, mais aussi de les étendre. Dans un discours prononcé au Sénat, le célèbre orateur Cicéron dit de lui : *"Jadis, membres du Sénat, nous ne contrôlions qu'une route en Gaule. Tous les autres territoires étaient occupés par des peuples qui soit nous étaient hostiles, soit n'étaient pas dignes de confiance. César a remporté de grands succès lors de ses batailles contre les peuples les plus féroces, qu'il a intégrés à l'Etat romain."*

La guerre civile

Ces succès militaires rendirent César fort populaire, mais eurent également pour effet d'éveiller les jalousies. Lorsqu'en 49 av. J.-C., à l'incitation de son rival Pompée, le Sénat lui ordonna de disperser ses armées, la guerre civile éclata. Elle tourna à l'avantage de César qui, devenu le personnage le plus puissant de Rome, se proclama "dictateur à vie".
Rome cessa d'être une République, dans laquelle les citoyens pouvaient élire leurs dirigeants. Marcus Brutus, Caius Cassius et d'autres conjurés ourdirent l'assassinat de César, poignardé à mort le 15 mars de l'an 44 av. J.-C., sur les marches du Sénat. ■

Buste en marbre de Jules César. L'historien romain Suétone écrivit à son propos : *"Très soucieux de son apparence, il coiffait soigneusement ses rares cheveux vers l'avant afin de dissimuler sa calvitie."*

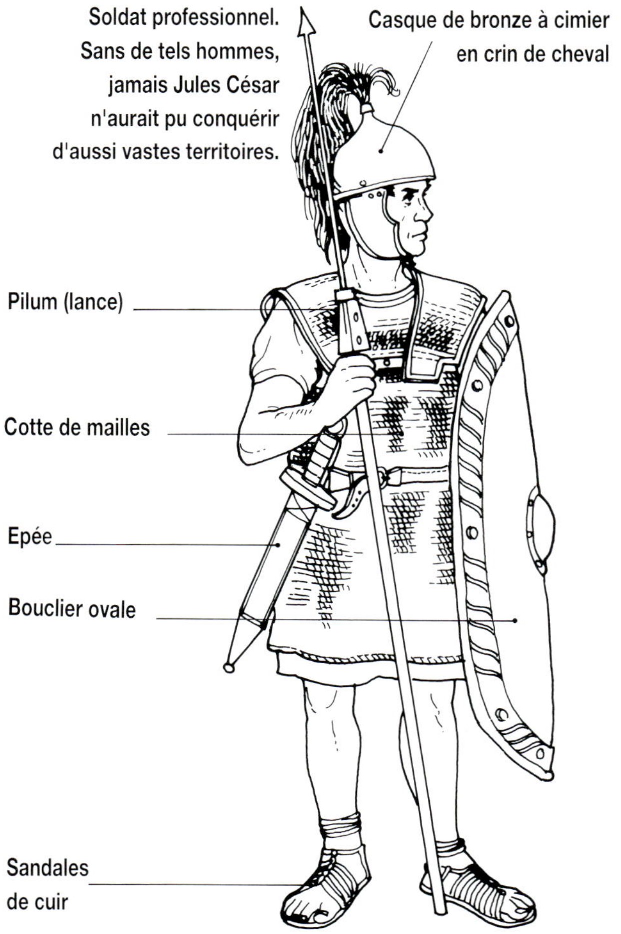

Soldat professionnel. Sans de tels hommes, jamais Jules César n'aurait pu conquérir d'aussi vastes territoires.

La guerre contre l'Empire carthaginois s'acheva en 146 av. J.-C. par la destruction de Carthage. César allait en faire une colonie peuplée par des vétérans de l'armée.

Les plus importants édifices publics de Rome se dressaient sur le Forum Romanum. Sur la droite, on peut voir les ruines de la Basilica Julia, immense lieu de réunion érigé par César.

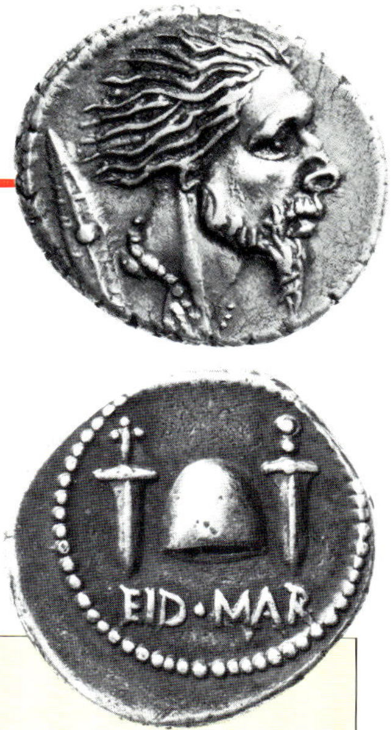

Deux pièces de monnaie : Celle du haut fut frappée en 48 av. J.-C. pour célébrer les victoires de César en Gaule. Celle du bas, datée des "ides de mars", commémore son assassinat.

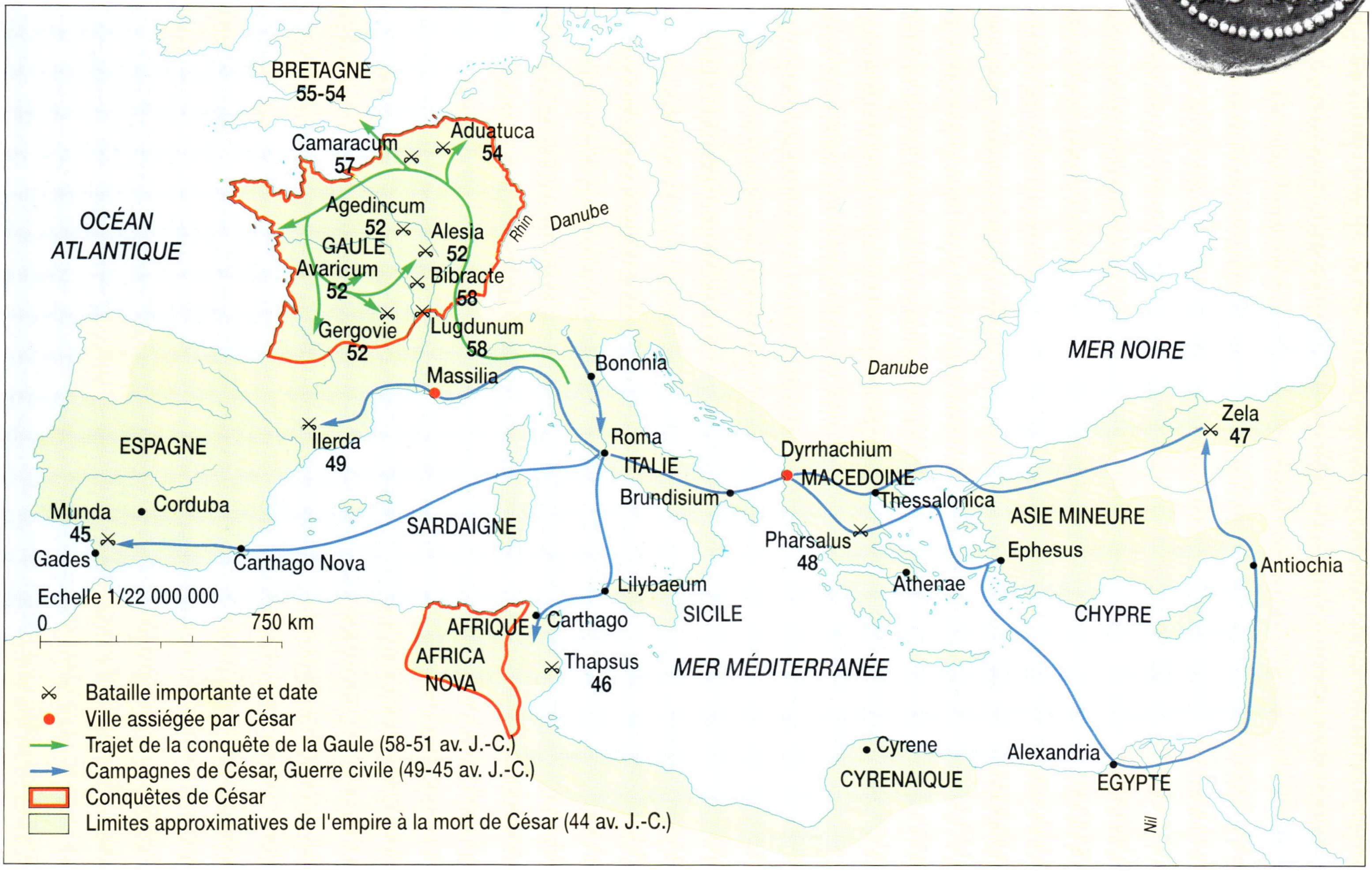

Le Forum de César. L'édifice principal était un temple consacré à Vénus. Une statue équestre du dictateur se dressait au centre de la place.

César et la Guerre civile

■ **49 av. J.-C.** César marche sur Rome. En Espagne, il écrase l'armée de Pompée à Ilerda. Pompée s'enfuit en Grèce. ■ **48** A Dyrrhachium, Pompée perce les défenses de César, mais celui-ci le défait lors de la grande bataille de Pharsale. Pompée se réfugie en Egypte où il est assassiné avant l'arrivée de César. ■ **47** César installe Cléopâtre sur le trône d'Egypte. ■ **46** César ajoute la province d'Afrique à l'empire en battant les fils de Pompée à Thapsus. ■ **45** Les Pompéiens sont vaincus à Munda.

CITOYENS ROMAINS

De nombreux éléments parvenus jusqu'à nous permettent de savoir quels étaient les goûts et les habitudes des Romains. Ainsi appréciaient-ils fort la sculpture. Des statues et bustes en pierre représentant personnages célèbres, empereurs, dieux et déesses étaient érigées dans les rues, les édifices publics et les temples. Les Romains fortunés possédaient chez eux des effigies de leurs ancêtres.

Les pierres tombales et les caveaux romains sont souvent ornés de portraits gravés dans la pierre. Grâce à eux, nous pouvons parfois apprendre ce que faisaient ces hommes - ou ces femmes - cordonnier représenté au travail, soldat en uniforme... Les tombes fournissent souvent d'autres renseignements sur la vie à Rome, ainsi le portrait d'une femme entourée de sa famille à la table du repas, avec l'indication de son nom et de sa ville natale. Les portraits des empereurs figurent généralement sur les pièces de monnaie : les puissants appréciant la flatterie, la ressemblance n'est pas toujours garantie ! Suétone disait de l'empereur Claude qu'il *"était pris d'un rire irrépressible lorsqu'il était en colère"*, qu'il *"bavait"* et que *"son nez coulait"*, mais ceci n'apparaît sur aucune de ses statues.

Ce buste montre la coiffure et la barbe taillée qu'affectionnaient la plupart des Romains. De nombreux portraits masculins soulignent le nez busqué, signe d'énergie et de volonté.

Pierre tombale ornant la sépulture d'un jeune homme de Palmyre, en Syrie, mort au IIe siècle ap. J.-C. ; il porte une toge. L'inscription est rédigée en syriaque.

L'atelier d'un forgeron, représenté sur un monument funéraire. A gauche, un apprenti attise le feu de la forge à l'aide d'un soufflet : un écran le protège de la chaleur. Assis derrière son enclume, le forgeron façonne un objet au marteau. A droite, on peut voir ses outils (des pinces et un marteau) ainsi qu'une pointe de javelot et une serrure qu'il a fabriquées.

Cette jeune femme de Pompéi porte des boucles d'oreilles et une résille d'or. Elle tient un "cahier" dont chaque tablette est recouverte d'une fine pellicule de cire, et un poinçon appelé *stilus*.

Cette coiffure très élaborée est celle d'une dame du Ier siècle de notre ère, qui appartenait sans doute à la cour de l'empereur.

Cet épicier installe son éventaire sur le port d'Ostie, où cette sculpture ornant une tombe fut découverte. Sous les tréteaux, un panier contient des denrées. Les légumes présentés sur l'étal semblent être de l'ail, des poireaux et des artichauts.

Les coiffures

Les Romains et les Romaines de toutes les classes de la société attachaient une grande importance à leur coiffure et à leur apparence. Jusqu'au IIe siècle de notre ère, la plupart des hommes étaient glabres, puis le port de la barbe se répandit. Les hommes gardaient les cheveux très courts, mais ceux-ci étaient généralement coiffés vers l'avant, comme le montrent ces portraits.

Les coiffures féminines étaient assez simples, mais elles pouvaient s'enrichir de boucles très élaborées. Certaines femmes portaient perruque ou se teignaient les cheveux à l'aide de substances végétales.

Les vêtements

En certaines contrées du monde romain, les hommes portaient des pantalons, mais dans la plupart des régions, ils étaient vêtus de tuniques comme celle du forgeron ci-dessous. Les citoyens romains avaient le droit de porter la toge, grande pièce de tissu semi-circulaire drapée autour du corps, symbole de virilité (le statut de citoyen était réservé aux seuls hommes). Les femmes portaient des sous-tuniques sous une robe appelée *stola*. Lorsqu'elles sortaient, elles se couvraient d'un ample vêtement, la *palla*. Hommes et femmes portaient volontiers des bijoux : broches, colliers et bagues. ■

Le Désastre de Pompéi

"Tout est noyé dans les flammes et enseveli dans les cendres de la tristesse".

Ainsi s'exprime le poète romain Martial, évoquant la destruction des villes de la baie de Naples, à la suite de l'éruption du Vésuve en 79 ap. J.-C. ; Pompéi et Herculanum subirent les dommages les plus importants, à tel point que ces deux petites villes ne devaient jamais revenir à la vie au cours de la période romaine.

La catastrophe a été rapportée par un témoin direct, l'écrivain Pline, qui demeurait alors chez son oncle, un commandant de la flotte romaine mouillée non loin de là :

"Le 24 août, vers une heure de l'après-midi, ma mère montra à mon oncle un nuage à l'aspect étrange. Nous ne pûmes tout d'abord déterminer de quelle montagne il provenait, mais plus tard nous découvrîmes qu'il émanait du Vésuve. Ce nuage s'élevait en prenant la forme d'un pin dont l'immense tronc se dressait dans le ciel, pour s'étaler au sommet en de multiples branches."

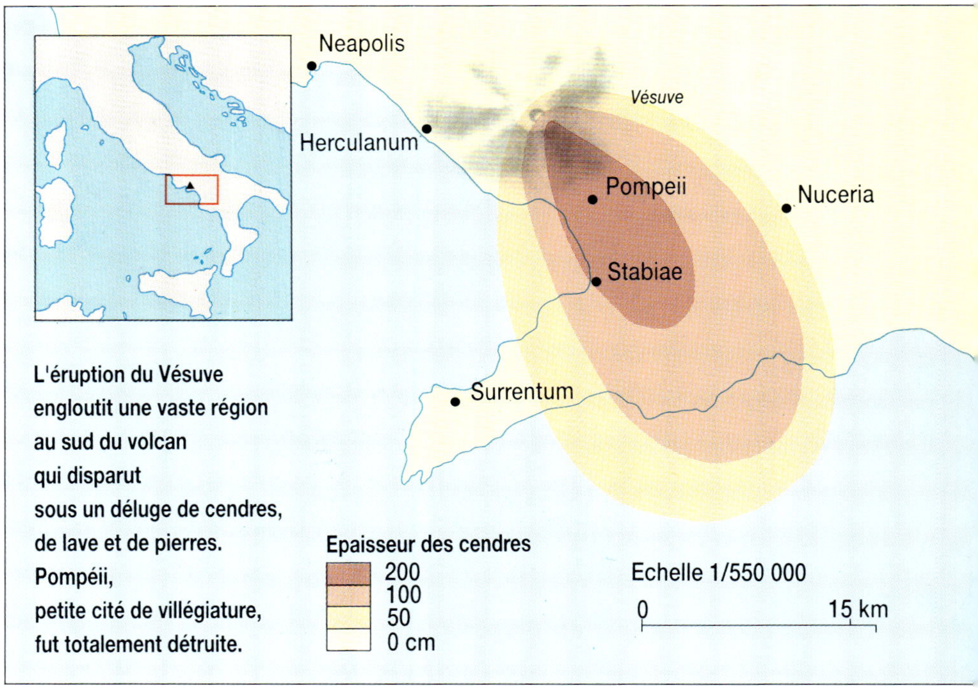

L'éruption du Vésuve engloutit une vaste région au sud du volcan qui disparut sous un déluge de cendres, de lave et de pierres. Pompéii, petite cité de villégiature, fut totalement détruite.

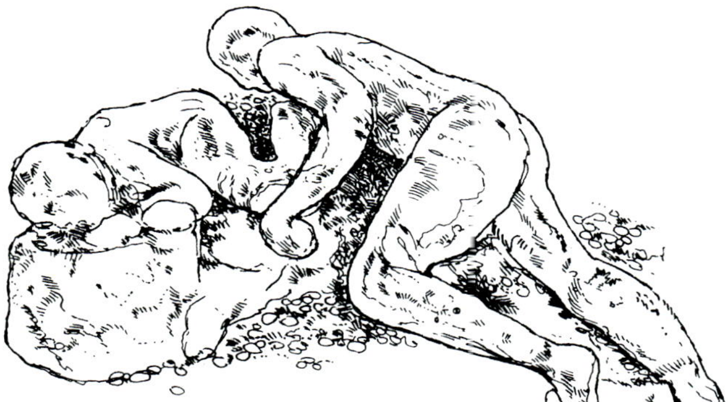

Au XIXe siècle, l'archéologue Fiorelli effectua des moulages en plâtre des cavités laissées par les corps ensevelis sous les cendres du Vésuve. Ces personnes furent sans doute asphyxiées par des vapeurs mortelles. Les moulages permettent parfois de distinguer des détails vestimentaires (par exemple des sandales).

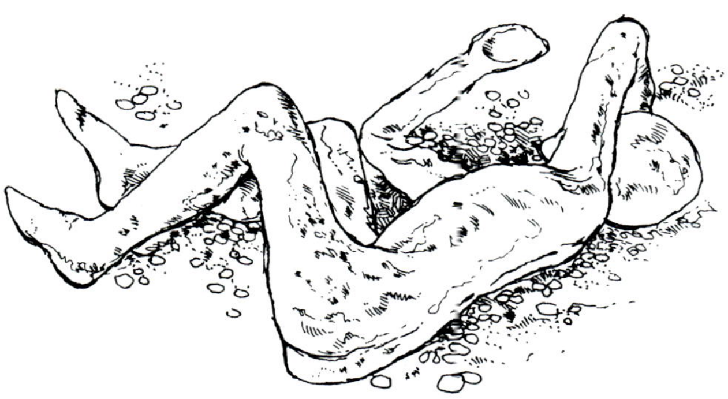

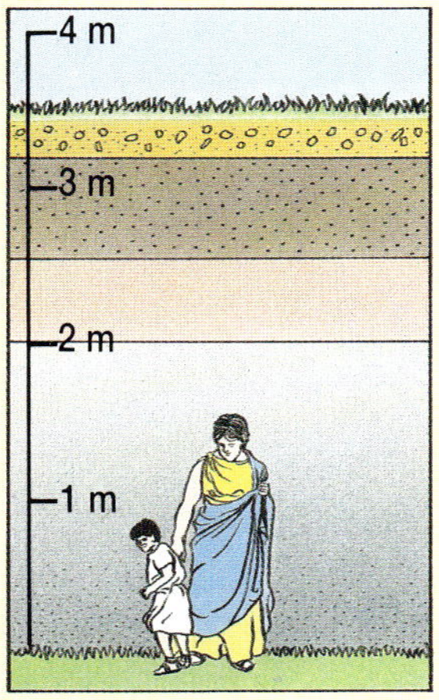

Puis survint la terrible explosion. Une pluie de cendres, de pierres et de lave s'abattit sur une vaste région. Pompéi fut ensevelie sous près de quatre mètres de cendres. Quelque deux mille personnes (sur une population de douze mille habitants) périrent écrasées, ou suffoquées par les émanations de soufre. A Herculanum, les coulées de boue résultant de l'éruption volcanique recouvrirent tous les bâtiments.

Lorsque trois jours plus tard le ciel s'éclaircit enfin, il n'était plus possible de vivre dans ces cités. L'empereur Titus accorda des fonds pour venir en aide aux réfugiés, mais les villes ne furent jamais relevées.

La redécouverte d'une cité romaine

Pompéi et Herculanum furent oubliées, pour n'être redécouvertes qu'au XVIe siècle. Des fouilles furent entreprises au XVIIIe siècle.

Une grande partie de Pompéi et certains quartiers d'Herculanum furent mis au jour, ce qui révéla des maisons, des boutiques, des rues et des édifices publics. A l'occasion de fouilles peu soigneuses, certains vestiges furent endommagés. En 1860, le nouveau directeur des fouilles, Giuseppe Fiorelli, décida de dégager de vastes zones, au lieu de creuser au hasard. Grâce à ces précautions, des constructions ont pu être conservées presque intactes.

Le plan de la ville

Pompéi représente sans doute l'image la plus complète que nous puissions avoir d'une prospère cité romaine du Ier siècle, dirigée par quelques grandes familles de banquiers, de propriétaires terriens et de commerçants. Fondée sur un site étrusque, la ville fut rebâtie à diverses reprises, en pâtés de maisons réguliers appelés *insulae* (îles). Pompéi possédait un grand forum, deux théâtres, un amphithéâtre et des thermes ceints d'une muraille de pierre. ■

L'une des rues principales de Pompéi avec, au fond, le forum. La rue pavée est bordée de trottoirs surélevés. Les murs des maisons donnant sur la rue étaient le plus souvent aveugles, afin de protéger l'intimité des habitants. Certains bâtiments ont été reconstruits.

Ces grosses pierres permettaient aux piétons de traverser des rues poussiéreuses ou boueuses. Les boutiques s'ouvraient directement sur la rue.

L'Empire d'Auguste

A la fin du Ier siècle av. J.-C., les Romains se considéraient toujours en république et votaient pour élire certains responsables, mais les rênes de l'Etat étaient entre les mains de quelques hommes puissants. Des politiciens tels Sylla, Pompée et Jules César s'étaient emparés du pouvoir avec le soutien de leurs troupes. Sous César en particulier, l'Empire romain avait connu une énorme expansion. Son assassinat provoqua une nouvelle guerre civile. Son héritier, Octave, interrompit ses études en Grèce pour revenir venger son père adoptif.

La division de l'empire

A l'issue de plusieurs batailles menées à travers l'empire, les vainqueurs - Octave et Marcus Antonius (Marc-Antoine) - se partagèrent le monde romain.

Cette statue représente Auguste, âgé d'environ quarante-cinq ans, en uniforme de général. Sur son plastron ont été représentés un barbare vaincu et un officier romain.

Antoine gouvernait la partie orientale depuis Alexandrie, en Egypte, où il vivait auprès de la reine Cléopâtre. Octave était resté à Rome.
Mais pas plus qu'Octave, le Sénat de Rome ne pouvait permettre que l'Etat romain demeurât ainsi divisé : ce fut la guerre. Après avoir vaincu Antoine et Cléopâtre en 31 av. J.-C., Octave déclara le monde romain en paix.

Auguste

Octave exerçait maintenant son autorité sur tout l'empire : en 27 av. J.-C., il reçut du Sénat le titre d'Auguste, (le Majestueux, "celui qui doit être respecté"). La même année, écrit le géographe Strabon : *"Auguste scinda son empire en deux parties, donnant une portion au peuple romain et conservant l'autre sous son propre gouvernement."*
A l'aide des légions, Auguste consolida les frontières de l'empire, en Espagne et en Germanie. Certaines provinces furent placées sous l'autorité de gouverneurs désignés par le Sénat (provinces sénatoriales), les autres (provinces impériales) étant administrées par des gouverneurs nommés par Auguste.

L'administration des provinces

Auguste avait choisi avec soin ses provinces - celles où étaient postées les armées les plus nombreuses - ainsi que leurs gouverneurs - ceux dont la loyauté était sûre.Il fit de l'Egypte sa possession personnelle et promulgua une loi interdisant à tout sénateur de pénétrer dans le pays sans sa permission expresse.

L'état-major du gouverneur

Le titre latin du gouverneur était *Legatus Augusti pro Praetore* : "désigné par Auguste en son poste de gouverneur".
Ce légat, qui exerçait les fonctions de commandant en chef, avait sous ses ordres une quarantaine de collaborateurs directs : procurateur (administrateur des finances de la province), état-major militaire, secrétaires, messagers, juristes... ■

Fragment de l'Autel de la Paix d'Auguste (Ara Pacis), érigé par le Sénat en 13 av. J.-C. On voit des membres de la famille impériale participant à des sacrifices.

L'Empire romain en 27 av. J.-C. Dans les provinces, le mode de vie se "romanisa". En 22 av. J.-C., Auguste déclara que la Narbonnaise, en Gaule, était "plus une partie de l'Italie qu'une province". Les légions étaient réparties à travers l'empire (il en restait fort peu en Italie), ce qui favorisa la diffusion des coutumes romaines.

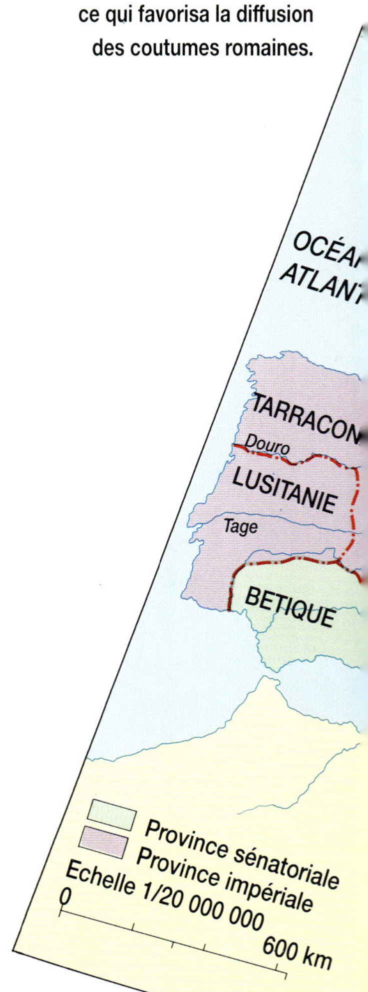

Auguste, premier empereur

■ **15 mars 44 av. J.-C.** Jules César est assassiné. Guerre civile. ■ **31 av. J.-C.** Marc-Antoine et Cléopâtre sont vaincus par Octave à Actium en Achaïe. ■ **11 janvier 29 av. J.-C.** Octave rétablit la paix dans l'ensemble du monde romain. ■ **28 av. J. C.** Octave gouverne en tant que Princeps Senatus (premier citoyen du Sénat). Il contrôle les armées et les finances. ■ **27 av. J.-C.** Octave reçoit le titre d'Auguste. Le sixième mois, Sextilis, prend le nom d'Augustus (août). ■ **23 av. J.-C.** Auguste contrôle toutes les provinces et s'arroge les prérogatives des magistrats élus. Le Sénat lui confère tous les pouvoirs. ■ **15-13 av. J.-C.** Auguste s'établit en Gaule. ■ **2 av. J.-C.** Auguste reçoit le titre de Pater Patriae (père de la patrie). ■ **19 août 14 ap. J.-C.** Auguste s'éteint à Nola. ■ **17 septembre 14 ap. J.-C.** Le Sénat élève Auguste au rang des divinités de Rome.

L'Armée de Trajan

L'empereur Trajan érigea dans le centre de Rome un éblouissant monument à la gloire de son armée : la frise sculptée de cette immense colonne retraçait la conquête de la Dacie, au nord du Danube. Ces reliefs représentent les soldats romains et leurs ennemis, la manière dont ils combattaient et comment ils construisaient leurs camps. Les guerres de Trajan devaient aboutir, en l'an 106, à l'annexion de la Dacie.

La défense des frontières

Lorsqu'une nouvelle province entrait dans l'orbite de l'Empire romain, elle devait être défendue : les armées d'occupation bâtissaient des forts permanents entourés d'épaisses murailles défensives. C'est ainsi que furent construits le mur d'Hadrien - sur la frontière septentrionale de la Bretagne (l'actuelle Angleterre) - et d'autres murailles semblables, au long du Rhin et du Danube.

Les forts étaient bâtis selon des plans très réguliers, permettant un accès aisé aux murs et aux portes. Les légionnaires vivaient dans des casernes dont chacune accueillait une centaine d'hommes, sous le commandement d'un centurion. A l'intérieur du fort se dressaient le quartier général, un hôpital et des magasins.

La vie de soldat

Dans les provinces, les soldats accomplissaient de nombreuses tâches en dehors des combats. Ainsi en Egypte, des détachements étaient envoyés aux frontières afin de veiller à ce que les droits de douane soient acquittés, dans les mines et les carrières, aux carrefours et dans les dépôts de grain. La lecture des registres d'une légion (vers 80 ap. J.-C.) permet de se rendre compte de la diversité des tâches auxquelles étaient affectés les militaires :

"Marcus Papirius Rufus - assigné au grenier du district de Neapolis, à Alexandrie, en tant que secrétaire ; Titus Saturnius - au dragage du port ; Titus Valens - à la manufacture de papyrus ; Titus Celer - au navire de patrouille fluviale."

L'empereur Trajan n'approuvait pas toujours cette affectation des soldats à des tâches "civiles". En 111, il écrivait au gouverneur de Bithynie :

"Il n'est nullement besoin de désigner des soldats à la garde des prisons. Il vaut beaucoup mieux observer l'ancienne coutume qui consiste à employer des esclaves publics à cet effet - le nombre des soldats soustraits à leurs fonctions militaires habituelles devrait être aussi faible que possible." ■

La colonne Trajane mesure près de trente mètres de haut ; la statue qui se dresse aujourd'hui à son sommet est celle de saint Pierre.

Détail de la colonne Trajane : des soldats construisent un camp fortifié.
Sur la gauche, un légionnaire monte la garde.
Les hommes ont posé leurs épées, leurs casques et leurs boucliers (à l'extrême droite).
Certains (à droite) creusent un double fossé et construisent un rempart renforcé de traverses de bois. La terre est évacuée dans des paniers.
Deux auxiliaires (en bas à gauche) conduisent un prisonnier dace devant Trajan, qui se tient à l'intérieur du fort (en haut).
A gauche, d'autres légionnaires construisent un pont.

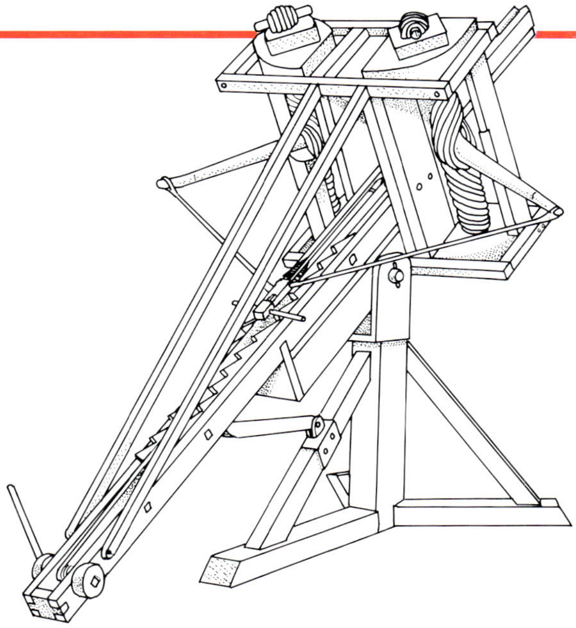

La baliste, sorte d'arbalète géante, lançait avec une grande précision des traits munis d'une pointe de fer.

Formation en tortue : pour se protéger des projectiles, les soldats romains formaient avec leurs boucliers une sorte de toit, si résistant que d'autres soldats pouvaient marcher dessus.

Ce dessin, inspiré d'une scène de la colonne Trajane, représente la prise de Sarmizegetusa, capitale des Daces. Légionnaires et auxiliaires se lancent à l'assaut d'un bastion ennemi. En plus de la tortue, de la baliste et de l'onagre (catapulte), les Romains employaient des tours de siège et d'énormes béliers protégés par un toit monté sur roues.

PROVINCES ET FRONTIERES DE L'EMPIRE

A la suite d'Auguste, plusieurs empereurs augmentèrent l'étendue des territoires contrôlés par Rome. L'empereur Claude prit part à l'invasion de la Bretagne (en l'an 43) et intégra à l'empire la Thrace et la Mauritanie. Trajan servit en tant que militaire et gouverneur provincial dans diverses contrées, avant de devenir empereur et d'annexer de nouveaux territoires, dont la Dacie.

La protection des frontières

Au moment de sa plus grande extension, au IIe siècle, l'empire comptait cinquante à soixante millions d'habitants. Ses immenses étendues étaient contrôlées par trente légions et unités auxiliaires, soit près de 450 000 soldats.

Certaines de ces troupes étaient postées aux frontières, le long du mur d'Hadrien en Bretagne, par exemple. L'empereur qui fit dresser cette muraille effectuait de longs déplacements à travers l'empire, afin de veiller à la sécurité des frontières.

Routes et voies de communications

L'Empire romain se devait de disposer de voies de communications pouvant être utilisées tout au long de l'année, par tous les temps. Il fallait que les troupes puissent se rendre rapidement vers les régions où éclataient des troubles, et que les messages circulent convenablement entre les camps et Rome. Des routes et des ports en bon état étaient également nécessaires à l'acheminement des marchandises.

Les messagers impériaux

Auguste mit sur pied un service de poste officiel, le *cursus publicus*, afin d'assurer le transport des messages et des personnes se déplaçant dans le cadre de leurs fonctions publiques. Les villes situées sur le réseau durent - dans un premier temps tout au moins - supporter le coût élevé de l'entretien des relais de chevaux et de véhicules implantés sur toutes les grandes voies de l'empire. ■

Les provinces
et les frontières
de l'empire,
jusqu'en 106 ap. J.-C.

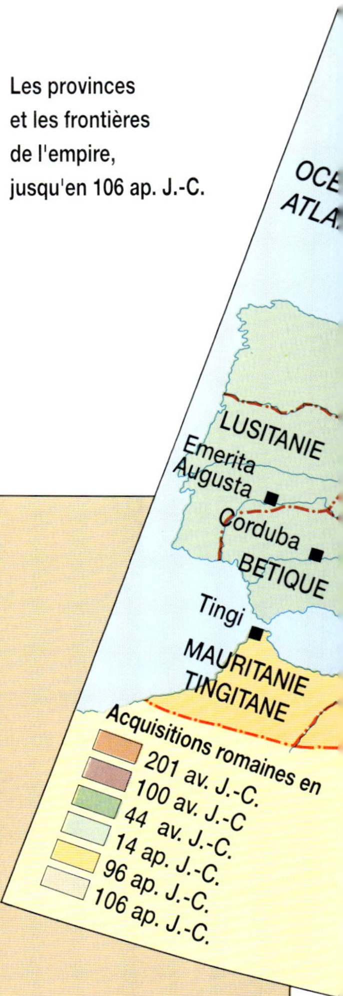

Les conquêtes de Rome

■ **IIIe siècle av. J.-C. :** ■ 241 Sicile. ■ 238 Sardaigne. ■ 227 Corse.

■ **IIe siècle av. J.-C. :** ■ 146 Macédoine Epire, Achaïe et Afrique. ■ 133-129 Asie. ■ 121 Narbonnaise. ■ 101 Cilicie.

■ **Ier siècle av. J.-C. :** ■ 74 Cyrénaïque. ■ 68-67 Crète. ■ 64-63 Syrie,Bithynie et Pont. ■ 58 Chypre. ■ 58-52 Aquitaine, Lyonnaise et Belgique. ■ 30 Egypte. ■ 27 Provinces d'Espagne. ■ 25 Galatie. ■ 15 Alpes Pennines. ■ 14 Alpes Maritimes. ■ 16-9 Rétie, Norique, Pannonie et Dalmatie.

■ **Ier et IIe siècle ap. J.-C. :** ■ 6 Judée. ■ 17 Cappadoce. ■ 40 Mauritanie. ■ 43 Bretagne, Lycie et Pamphylie. ■ 46 Thracie. ■ 58 Alpes Cottienes. ■ 85-86 Mésie divisée. ■ 90 Germanie. ■ 106 Arabie et Dacie.

Cette "diligence" romaine
transporte des passagers assis
à l'intérieur et sur le toit.
Le voyage était lent et peu confortable.

Voyageurs

Les voies romaines
étaient souvent rectilignes.
Ainsi la "Fosse Way" dans le
Sommerset, en Angleterre.

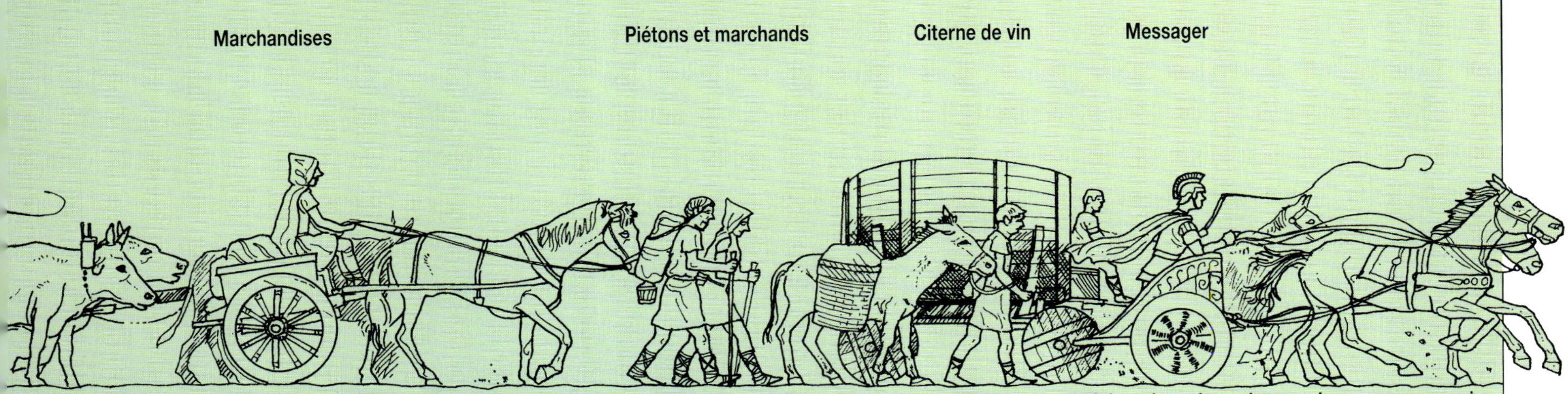

Les fonctionnaires en déplacement avaient à leur disposition des relais appelés *mansiones*. Les voyageurs privés descendaient dans des auberges. Les personnes qui en avaient les moyens pouvaient voyager sur une litière (*lectica*) à quatre porteurs. Les déplacements étaient lents : un bon marcheur pouvait parcourir trente à quarante kilomètres par jour, les cavaliers un peu plus. La poste impériale couvrait environ soixante-dix kilomètres par jour. Le poète Horace évoqua ainsi l'un de ses voyages : *"Nous sommes arrivés épuisés, comme on pouvait s'y attendre. Le trajet était long et la route en très mauvais état, à cause des pluies."*

Les Empereurs

Lorsque les règles régissant le gouvernement de Rome furent mises en place, il n'existait pas de mot signifiant empereur. Les Romains détestaient le mot *rex* (roi), qui allait à l'encontre de leur idée de la démocratie et souhaitaient être gouvernés par des dirigeants élus, dans le cadre de la République.

Le dernier des dictateurs

En temps de crise, toutefois, les Romains désignaient un "dictateur", un ancien consul le plus souvent, qui exerçait légalement les pleins pouvoirs pendant une période limitée. Jules César fut nommé dictateur en 46 av. J.-C.

Lorsque la guerre civile prit fin en 31 av. J.-C., il apparut clairement que le monde romain ne pouvait plus être administré selon les règles de la démocratie coutumière : de trop nombreux hommes ambitieux, tels César, s'étaient arrogés le pouvoir avec le soutien de leurs armées.

D'Octave à Auguste

A partir du règne d'Octave, le maître de Rome se vit attribuer des titres officiels. Le nom d'Auguste, signifiant "celui qui doit être respecté", lui fut donné en 27 av. J.-C. ; Octave choisit aussi le nom de son père adoptif, César. Ces deux noms prirent valeur de titres signifiant Empereur.

Le titre d'*imperator*, qui était à l'origine décerné aux

Cette pièce de monnaie représente les co-empereurs Dioclétien et Maximien (fin du IIIe siècle).

27 av. J.-C.-14 ap. J.-C.	Auguste
14-37	Tibère
37-41	Caligula
41-54	Claude
54-68	Néron

68-69	Galba
69	Othon, Vitellius

69-79	Vespasien
79-81	Titus
81-96	Domitien
96-98	Nerva
97-117	Trajan (**97-98** avec Nerva)
117-138	Hadrien
138-161	Antonin
161-180	Marc Aurèle (**161-169** avec Lucius Verus)
180-192	Commode

193	Pertinax
193	Didius Julianus
193-211	Septime Sévère
211-217	Caracalla (**211-212** avec Géta)
217-218	Macrin
218-222	Elagabal (Héliogabale)
222-235	Alexandre Sévère

Période de troubles dans l'empire (235-284)

235-238	Maximin Ier
238	Gordien Ier et II (en Afrique)
238	Balbien et Pupien (en Italie)
238-244	Gordien III
244-249	Philippe
249-251	Decius
251-253	Trébonien Galle
253	Emilien
253-260	Valérien
253-268	Gallien (**253-260** avec Valérien)

Occident

259-274	Empire gaulois de Postumus, Victorinus Tetricus
268-270	Claude II
270	Quintillus
270-275	Aurélien
275-276	Tacite
276-282	Probus
282-283	Carus
283-284	Carin et Numérien

Orient

260-272	Royaume de Palmyre d'Odenath, Zénobie, Vaballath

284-305 Dioclétien et la tétrarchie

Occident		Orient	
287-305	Maximien Auguste	284-305	Dioclétien Auguste
293-305	Constance César	293-305	Galère César
305-306	Constance Auguste	305-311	Galère Auguste
305-306	Sévère César (306-307 Auguste)	305-309	Maximin César (309-313 Auguste)

306-312 Maxence (Italie)

Occident		Orient	
306-307	Constantin César (307 Auguste)	308-324	Licinius Auguste

312-324 Constantin Ier avec Lucinius

324-337 Constantin Ier seul empereur

337-340 Constantin II	Constant	337-361 Constance II

340-350	Constant		
350-353	Magnence (usurpateur)		
		351-354	Gallus césar
355-361	Julien César (360-363 Auguste)		

361-363 Julien seul empereur
363-364 Jovien

364-375	Valentinien	364-378	Valens
375-383	Gratien	379-395	Théodose

375-392 Valentinien II (Italie, Illyricum)

383-388	Maxime (usurpateur)		
392-394	Eugène (usurpateur)	395-408	Arcadius
395-423	Honorius (395-408 Stilicon régent)	408-450	Théodose II
421	Constance III	450-457	Marcien
423-425	Jean (usurpateur)	457-474	Léon Ier
425-455	Valentinien III	474-491	Zénon
455	Pétrone Maxime	(475-476	Basilisc)
455-456	Avitus		
457-461	Majorien		
461-465	Libius Sévère		
467-472	Anthemius		
472	Olybrius		
473	Glycère		
473-475	Népos		
475-476	Romulus Augustule		

Rois barbares d'Italie :

476-493	Odoacre	491-518	Anastase
493-526	Théodoric	518-527	Justin Ier
526-534	Athalaric	527-565	Justinien
534-536	Théodat		

Les empereurs romains d'Auguste à Justinien.

chefs militaires vainqueurs, fut à son tour utilisé. Les empereurs reçurent d'autres titres, tels que *Pater Patriae* (Père de la Patrie), *Pontifex Maximus* (Grand Pontife) et *Princeps* (Premier Citoyen), qui apparaissent notamment sur les pièces de monnaie.

Les bons, les méchants et les déments

Certains empereurs gouvernèrent avec sagesse et surent développer l'Etat romain. Hadrien, par exemple, voyagea à travers l'empire et organisa la reconstruction des provinces. D'autres se montrèrent cruels, assassinant leurs rivaux et leurs opposants, ou prodigues, dilapidant les fonds publics. Certains étaient peut-être même déments : on prétend que Caligula eut l'intention d'élever son cheval favori au rang de consul. ■

Détail d'une mosaïque représentant l'empereur Justinien (527-565). Il reconquit une grande partie de l'empire d'Occident, aux dépens des Vandales d'Afrique, des Ostrogoths d'Italie et des Wisigoths d'Espagne. Mais ces territoires furent de nouveau perdus.

SOUS LE REGARD DES DIEUX

Les premiers Romains pensaient que les dieux, les déesses et de puissants esprits étaient partout présents, qui contrôlaient les actions des hommes. Pour s'attirer leurs bonnes grâces, ils leur consacraient prières et offrandes (gâteaux de miel, fruits et vin), dans des temples, des autels dressés dans les maisons ou sur le bord des routes, ou en d'autres lieux sacrés. Des animaux étaient souvent sacrifiés aux divinités.

Le culte de Mithra fut introduit à Rome au Ier siècle de notre ère. On voit ici le dieu tuer un taureau, dont le sang épanché était considéré comme source de vie.

Dieux et déesses

Au fil des siècles, les Romains adoptèrent les dieux et déesses d'autres peuples, notamment ceux des Etrusques et des Grecs. Peintes ou sculptées, les divinités étaient représentées sous la forme d'êtres humains de grande taille. Certains dieux étaient plus puissants que d'autres, mais chacun se voyait conférer des attributions particulières.

A la tête des divinités romaines figuraient Jupiter (dieu du Ciel) et Junon (déesse de la féminité). Minerve (la sagesse), Vénus (la beauté et l'amour), Mars (la guerre), Vulcain (le feu), Vesta (le foyer), Mercure (le commerce), Janus (le dieu aux deux visages) firent aussi l'objet d'un culte à travers tout l'empire. A partir du règne d'Auguste, les empereurs eux-mêmes accédèrent au rang de divinités, et des temples leur furent parfois consacrés.

Temple souterrain de Rome consacré à Mithra. Le culte de ce dieu perse fut adopté dans tout l'empire

Ce temple circulaire, dédié au demi-dieu Hercule, fut élevé à Rome au IIe siècle av. J.-C., dans le style grec, à l'endroit où le héros aurait accompli l'un de ses Douze Travaux.

Cérémonies et temples

Le culte d'un dieu ou d'une déesse s'accompagnait habituellement de processions, de sacrifices et d'offrandes. Le *pontifex* (prêtre) qui dirigeait les cérémo-

Sur ce pavement en mosaïque d'une villa romaine du Dorset, en Angleterre (IVe siècle) figurent le Christ et les deux premières lettres grecques de son nom : χ (ch) et ρ (r).

nies, établissait le lien entre les dieux et les hommes.
Au cœur des cités, de magnifiques temples étaient élevés à la gloire des dieux les plus importants, ou de ceux qui étaient particulièrement chers aux habitants. L'empereur Hadrien fit bâtir à Rome un grand temple dédié à tous les dieux, le Panthéon. La coupole de cet édifice (45 m de haut sur 45 m de diamètre), représente la voûte céleste. C'est la plus grande que l'on ait jamais construite selon des méthodes traditionnelles. L'ouverture centrale symbolise le soleil.
A l'intérieur des maisons, des autels étaient dressés à l'intention des divinités protectrices du foyer : les Lares et les Pénates.

Religions étrangères

La religion des Romains s'enrichissait des divinités adorées dans les pays soumis à l'administration de l'empire : ainsi Isis et Sérapis (Egypte), Mithra (Perse) et Sul (Bretagne).
Certaines religions furent toutefois interdites par les Romains. Les armées impériales menèrent plusieurs guerres contre les Juifs et traquèrent les druides, prêtres des peuples celtiques de Gaule et de Bretagne. Les Chrétiens furent tout d'abord persécutés, mais en 312 ap. J.-C., le christianisme devint finalement religion officielle. ■

Ce relief de l'arc de Titus, à Rome, montre une scène qui suivit la destruction du temple juif de Jérusalem en 70 ap. J.-C. : la *menorah* (chandelier à sept branches) est emportée à Rome.

Tous les cinq ans, les Romains procédaient à un recensement. A cette occasion, on sacrifiait aux dieux un taureau, un bélier et un porc.

Les Thermes

Toute ville romaine se devait de posséder au moins un établissement de bains publics. Pompéi en comptait trois, que tous les habitants fréquentaient. Les tarifs étaient peu élevés pour les adultes, et l'entrée gratuite pour les enfants. On se rendait aux thermes pour se détendre, rencontrer des amis ou pour y tenir des réunions d'affaires.

Des bains froids au sauna

Certains établissements - comme les thermes stabiens de Pompéi - comprenaient des équipements distincts pour les hommes et pour les femmes. Dans le cas contraire, il existait des horaires différents. On commençait par se déshabiller dans l'*apodyterium* ; après avoir laissé ses vêtements sur une étagère ou dans un placard, on passait dans la salle non chauffée appelée *frigidarium* pour prendre un bain froid, puis on se rendait dans la salle tiède, le *tepidarium*.

On pouvait ensuite prendre un bain de vapeur et d'eau très chaude dans le *caldarium*, qui était chauffé au moyen d'un fourneau souterrain, l'hypocauste. La chaleur produite dans l'hypocauste, nécessaire au chauffage de l'eau et des salles, circulait au travers

Les thermes stabiens de Pompéi. Bains des hommes : 1 vestiaire, 2 salle froide, 3 salle tiède, 4 salle chaude, 5 étuve. Bains des femmes : 6 vestiaire, 7 salle tiède, 8 salle chaude, 9 fourneaux, 10 cour d'exercices, 11 piscine, 12 toilettes.

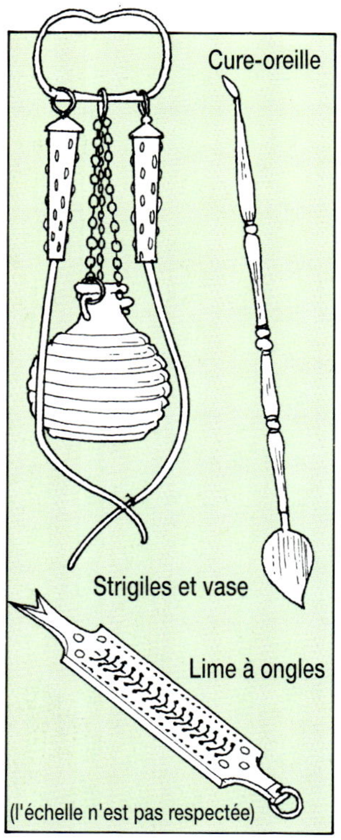

Objets utilisés aux thermes. Les strigiles de bronze servaient à racler la peau pour la nettoyer. Les vases contenaient un mélange d'huile d'olive et de pierre ponce destiné à nettoyer et rafraîchir l'épiderme.

des murs et des sols surélevés sur des piliers. La vapeur faisait ressortir la poussière incrustée dans la peau, qu'il ne restait plus qu'à racler. Cette tâche était souvent dévolue à un esclave, qui pratiquait également des massages et pouvait oindre d'huile le corps des clients. Après être passé par le *laconicum*, une étuve sèche assez semblable au moderne sauna, on pouvait se rendre dans une cour en plein air afin de s'adonner à quelques exercices (marche, jeux de balle). Les établissements étaient également dotés d'une petite piscine et de toilettes. De nombreux esclaves assuraient le bon fonctionnement des thermes. Ils alimentaient les "chaudières", apportaient les serviettes et procédaient aux massages. Des marchands venaient vendre des friandises sur place.

Un lieu bruyant

"J'habite au-dessus des thermes - vous voyez ce que cela signifie... C'est répugnant. Tout d'abord il y a les "costauds" qui font leurs exercices et manient des poids en grognant. Et puis les paresseux qui se font faire des massages - j'entends parfois le bruit des claques sur les épaules. Il y a aussi celui qui adore entendre le son de sa propre voix dans le bain. Et que dire de ceux qui plongent dans la piscine dans un énorme bruit d'éclaboussement !" (Sénèque le Philosophe, vers 63 ap. J.-C.) ■

Le grand bain des thermes de Bath, en Angleterre, était rempli d'une eau de source que les Romains jugeaient excellente pour la santé.

LA ROME IMPÉRIALE

La surpopulation de la ville de Rome, qui comptait plus d'un million d'habitants, rendit nécessaire sa transformation complète. Le premier, Auguste entreprit cette immense tâche. *"J'ai trouvé une Rome de brique, je laisse une ville de marbre"*, aurait-il déclaré à la fin de son règne.

Deux grands incendies

En 64 ap. J.-C., sous le règne de Néron, un grave incendie dévasta Rome. L'historien Tacite rapporte qu'au lendemain de ce désastre seuls quatre quartiers (sur les quatorze que comptait la ville) étaient encore intacts. Certains étaient totalement rasés, et dans les autres, à peine quelques maisons restaient debout. Néron réaménagea la ville autour d'un vaste palais à sa gloire. D'après Suétone, lorsque la construction de cette "Maison dorée" fut achevée, l'empereur se serait exclamé : "*"Enfin, je puis maintenant vivre comme un être humain !"*
Mais le palais de Néron fut détruit par un nouvel incendie en 104. Seule subsista la statue colossale de l'empereur, qui allait donner son nom à un amphithéâtre bâti à proximité : le Colosseum (Colisée). Sur une partie du site, l'empereur Trajan construisit ses thermes.

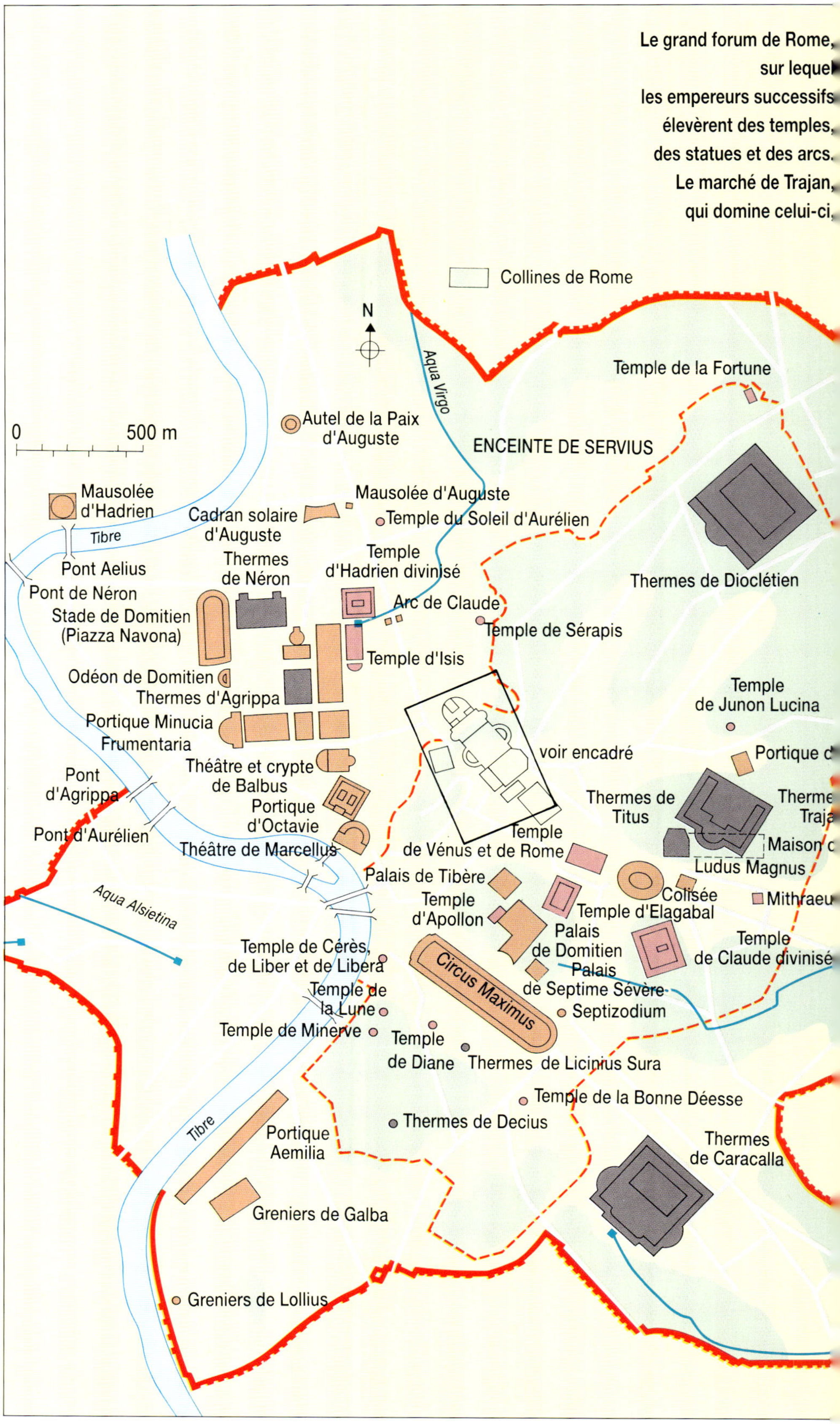

Le grand forum de Rome, sur lequel les empereurs successifs élevèrent des temples, des statues et des arcs. Le marché de Trajan, qui domine celui-ci,

Cet arc fut construit en 203 ap. J.-C. pour célébrer les triomphes de l'empereur Septime Sévère et de ses fils sur les Parthes.

est un ensemble
de bâtiments
à plusieurs étages
construits à flanc de colline.
Le Forum constituait
le centre administratif,
religieux et financier de l'empire.

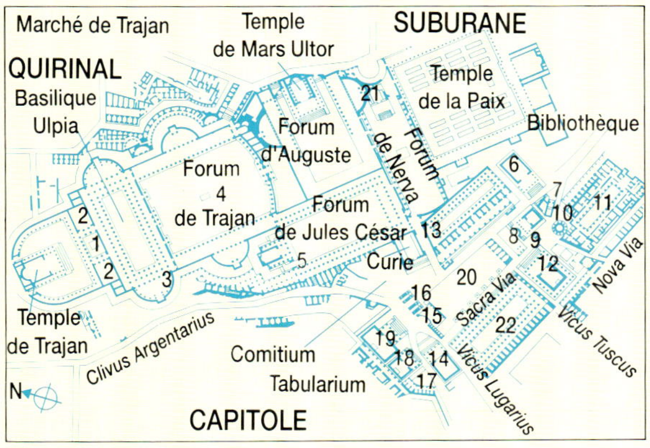

1 Colonne de Trajan
2 Bibliothèques
3 Atrium Libertatis
4 Statue équestre de Trajan
5 Temple de Venus Genetrix
6 Temple d'Antonin et de Faustine
7 Regia
8 Temple de Jules César
9 Arc d'Auguste
10 Temple de Vesta
11 Atrium Vestae
12 Temple de Castor
13 Argiletum
14 Temple de Saturne
15 Rostres
16 Arc de Septime Sévère
17 Portique des Di Consentes
18 Temple de Vespasien
19 Temple de la Concorde
20 Forum Romain
21 Temple de Minerve
22 Temple de Junon Moneta

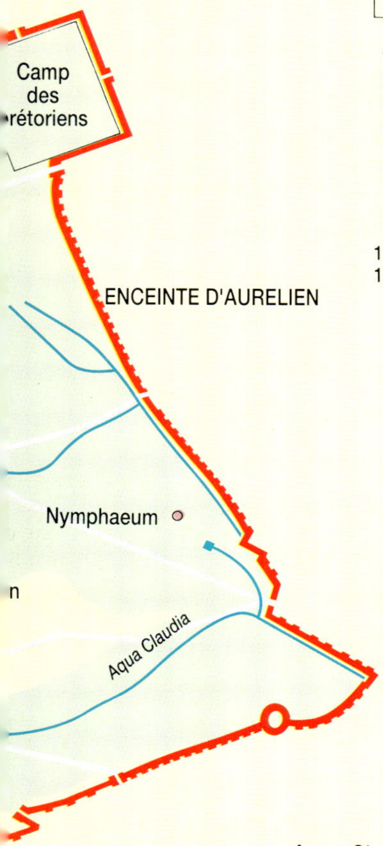

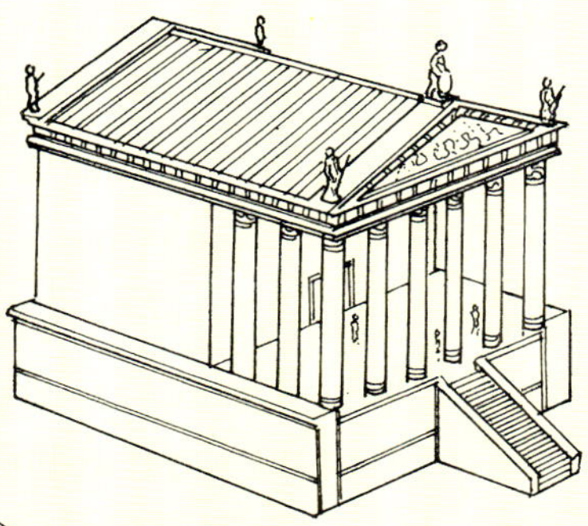
Temple de Saturne

Aqua Claudia

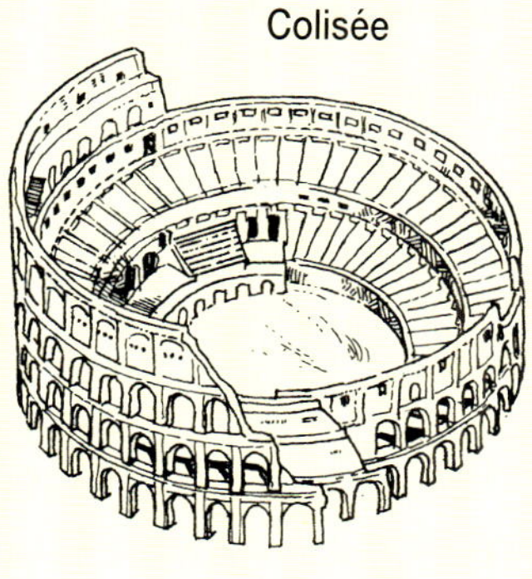
Colisée

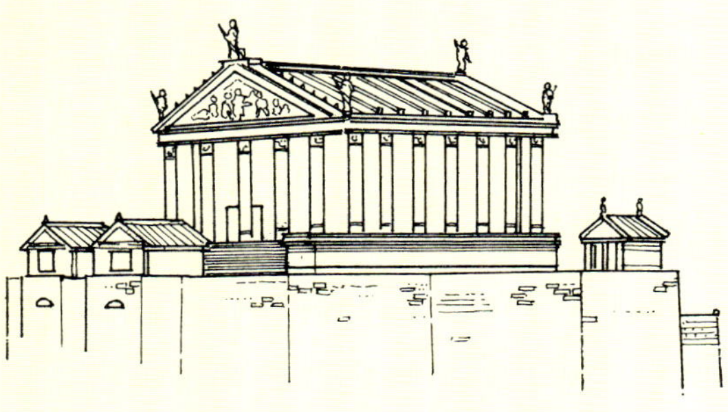
Temple de Junon Moneta

Aqueducs et thermes

Auguste et Néron ne furent pas les seuls à mettre en œuvre de grands programmes de construction. En 52 ap. J.-C., Claude acheva un immense aqueduc commencé par Caligula. Cet ouvrage, appelé Aqua Claudia, apportait à Rome l'eau provenant d'une source située à 68 kilomètres.
La consommation d'eau devait être très importante. Plusieurs empereurs, dont Trajan, Caracalla et Dioclétien, avaient fait bâtir des thermes gigantesques.

Le forum et les temples

Des modifications majeures furent entreprises dans le centre de la ville, autour du forum principal où se traitaient les affaires de la cité. Cette grande place était entourée de basiliques, qui servaient de lieux de réunions et de cours de justice.
Dans la Rome impériale, le Forum cessa d'être utilisé comme place du marché pour être consacré aux cérémonies (religieuses notamment). De nouveaux marchés furent construits, tels que le Forum Boarium (marché aux bœufs), près du Circus Maximus.
Les temples se multiplièrent : celui de Saturne fut élevé à la lisière du Forum, celui de Vénus et de Rome à proximité des ruines du palais de Néron, en 135.
Le temple de Junon Moneta occupait une position dominante, sur une colline voisine. Moneta signifiait "qui avertit", car Junon était censée prévenir les Romains de l'approche d'un danger. Ce temple servit par la suite d'atelier pour la frappe des pièces ; de ce terme vient celui de "monnaie".

Les faubourgs de la ville

Les conditions de vie misérables des Romains les plus pauvres offraient un contraste saisissant avec la splendeur des édifices publics. Au IIIe siècle, l'expansion de la cité devint telle qu'il fallut construire une nouvelle enceinte, les murs Auréliens, qui pour la première fois dans l'histoire de Rome englobaient le camp des cohortes prétoriennes chargées de protéger l'empereur. ■

La Rome impériale était une immense ville, dont la plupart des habitants vivaient dans la misère. Il ne reste rien des immeubles mal construits où logeaient les pauvres ; seuls subsistent les édifices publics, de bien meilleure qualité : temples, thermes, théâtres, arcs de triomphe, une partie de l'enceinte de la cité et plusieurs ponts sur le Tibre.

Du Pain et des Jeux

Dans tout l'empire, les Romains appréciaient les pièces et les concerts donnés dans les théâtres, les courses de chars disputées dans les stades et surtout les divertissements plus cruels organisés dans les amphithéâtres. Ces édifices de forme ovale pouvaient accueillir des foules énormes. Bien souvent, toute la population d'une ville s'y rassemblait pour y passer la journée.

Combats de gladiateurs

Divers affrontements se tenaient dans l'amphithéâtre : les plus populaires étaient les combats à mort qui mettaient aux prises des lutteurs appelés gladiateurs. De riches citoyens et politiciens entretenaient des écoles de gladiateurs. Les combattants étaient armés de différentes façons, afin de rendre les rencontres plus intéressantes : certains étaient totalement recouverts par leur armure, d'autres luttaient avec une simple épée et un bouclier, d'autres encore, les rétiaires, combattaient avec un filet et un trident. La foule décidait du sort des vaincus. Pouce levé, elle signifiait le souhait de le voir survivre. Pouce tourné vers le sol, elle décidait la mise à mort.
Les gladiateurs étaient le plus souvent des esclaves ou des prisonniers de guerre. S'ils faisaient preuve de bravoure et divertissaient le public, ils pouvaient recouvrer la liberté. Parfois, à l'heure du repas, des criminels condamnés se battaient jusqu'à la mort. Le dernier survivant revenait combattre le lendemain.

Des hommes et des bêtes

Les gladiateurs affrontaient aussi dans l'arène des bêtes sauvages - comme les lions, ours, serpents et autres éléphants - importées en grand nombre des provinces, notamment après l'extinction de certaines espèces en Italie.
Les amphithéâtres pouvaient également être remplis d'eau, afin d'organiser des batailles navales, les naumachies : des crocodiles dévoraient ceux qui passaient par-dessus bord. Toutefois, tous les Romains ne prisaient pas le spectacle des combats et de la mort. Au Ier siècle av. J.-C., Cicéron écrivait : *"Quel plaisir une personne de goût peut-elle prendre à voir un faible humain taillé en pièces par un fauve d'une force incroyable, ou une belle bête transpercée par une lance?"*

Courses de chars

Par milliers, les Romains se passionnaient pour ce sport dangereux qu'étaient les courses de chars. De nombreuses villes possédaient un stade où quatre attelages au moins s'affrontaient à la course autour d'une barrière centrale.
Dans le plus grand stade de tous, le Circus Maximus de Rome, les conducteurs de chars vêtus aux couleurs de leur équipe (rouge, bleu, vert et blanc) parcouraient - pour ceux qui atteignaient l'arrivée - une distance d'environ six kilomètres (sept tours de piste). Certains conducteurs devenaient de véritables idoles et gagnaient des sommes énormes. ■

L'amphithéâtre d'El-Djem, en Afrique du Nord, était l'un des plus vastes de l'empire.

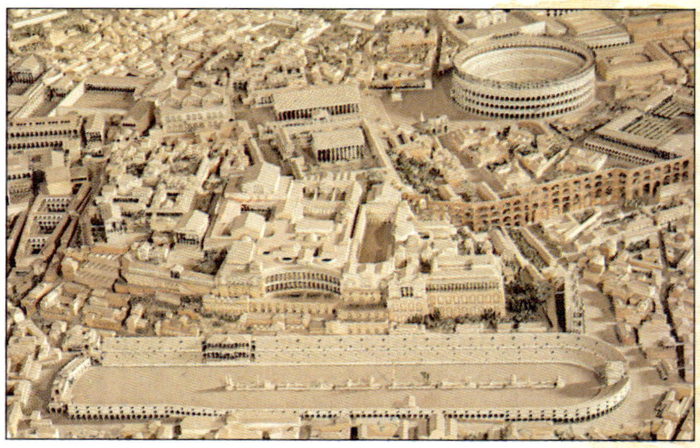

Sur cette maquette de la Rome antique, se détachent le Circus Maximus et le Colisée (en haut à droite).

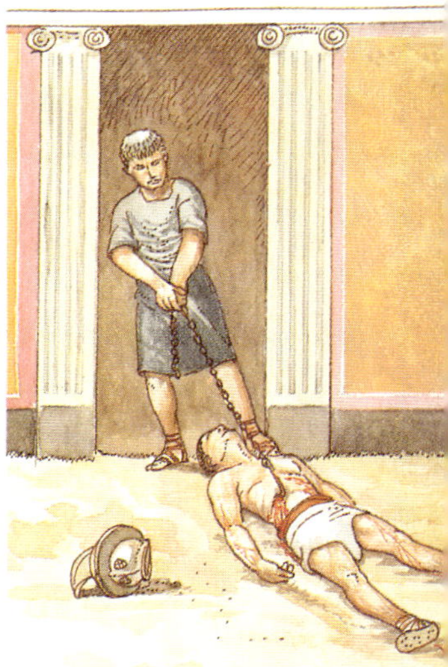

Les spectaculaires courses de chars passionnaient les Romains. Les sanglants combats de gladiateurs se déroulaient parfois devant soixante mille spectateurs.

Les Réformes de Dioclétien

Le IIIe siècle fut pour l'Empire romain une période de troubles : les incursions se multipliaient aux frontières. Il fallut bâtir des forts sur les côtes de Bretagne et du nord de la Gaule. De 235 à 284, dix-huit empereurs se succédèrent, chacun ne régnant que quelques mois ou quelques années avant d'être déposé ou assassiné.

Cette mosaïque ornait l'extérieur du siège des compagnies de navigation du port d'Ostie. Le dauphin était un motif marin fort populaire. Un phare se dresse à l'arrière-plan.

L'élection de Dioclétien

L'un des changements les plus importants dans l'histoire de l'empire survint en 284 : après l'assassinat de Numérien, l'armée choisit pour lui succéder Dioclétien, chef de la garde du défunt empereur.

Réorganisation de l'empire et de l'armée

La principale réforme décidée par Dioclétien fut de scinder l'immense empire en deux parties : Dioclétien allait régner sur l'Orient depuis Nicomédie, en Bithynie, cependant que son ami Maximien devenait empereur d'Occident, à Rome. En 293, Docliétien établit une tétrarchie (gouvernement des quatre) en nommant un successeur pour chaque empereur. Ce fut une réussite et pendant une décennie il n'eut pas besoin de se rendre à Rome.

L'empire fut réorganisé en douze circonscriptions, ou "diocèses", chacune administrée par un vicaire. Les effectifs de l'armée furent augmentés, les légions refondues en unités chargées de garder en permanence les frontières, et en petites formations mobiles capables de se rendre rapidement là où l'on avait besoin d'elles. ■

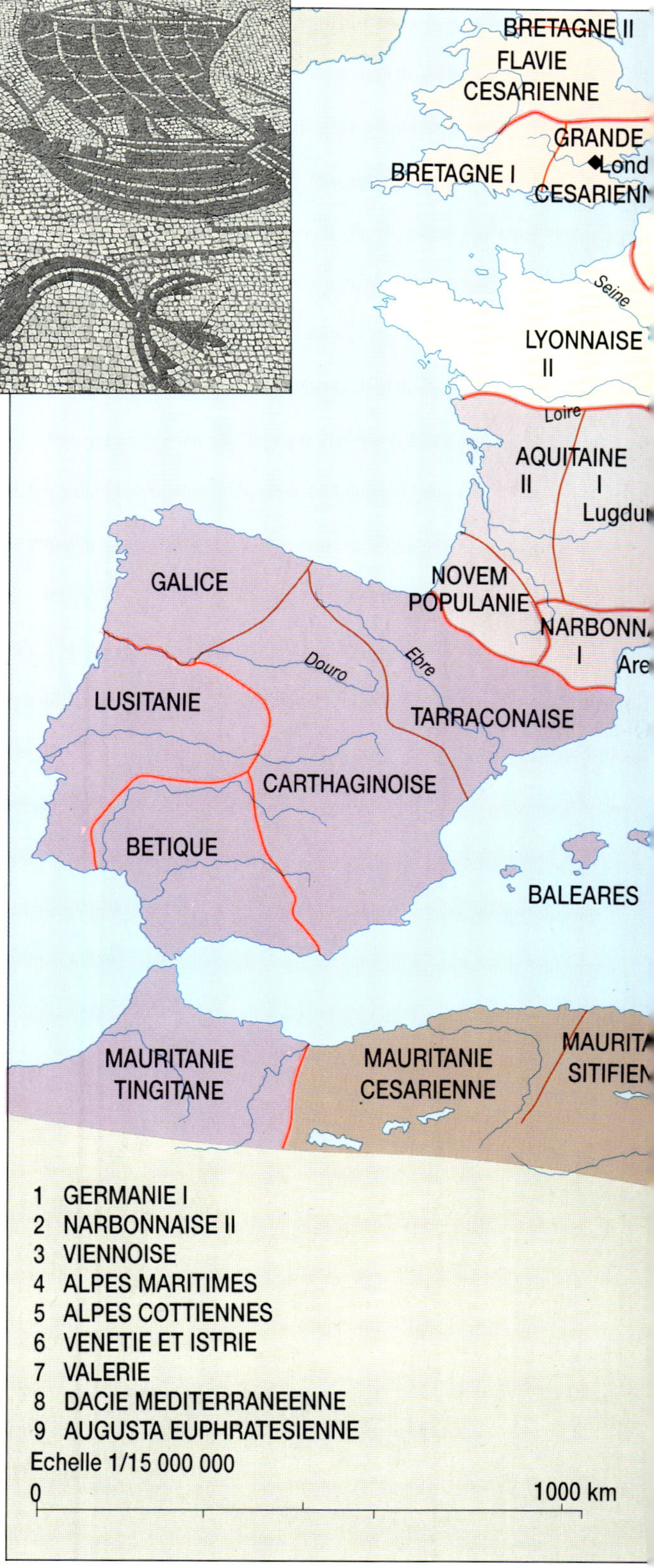

L'empire de Dioclétien. La tétrarchie apporta la stabilité aux territoires romains.

Cette peinture tombale représente un navire fluvial d'Ostie chargé de grain. Le capitaine (*magister*) a pour nom Farnaces.

Les réformes de Dioclétien

■ **211 ap. J.-C.** L'empereur Septime Sévère meurt à York. L'empire compte alors environ 46 provinces, dont certaines seront subdivisées par la suite. ■ **284** Dioclétien nommé empereur. ■ **286** Maximien promu empereur d'Occident. ■ **293** Création par Dioclétien de la tétrarchie (le "gouvernement des quatre") : deux empereurs partagent le pouvoir avec deux héritiers nommés d'avance. ■ **296** Dioclétien réorganise les finances de l'empire. L'Etat seul est habilité à frapper la monnaie. Une importante réforme fiscale est mise en place. ■ **301** Dioclétien établit une liste officielle fixant les prix dans tout l'empire. Ce système ne peut être véritablement appliqué. ■ **305** Dioclétien, physiquement affaibli, abdique. ■ **313** Mort de Dioclétien. ■ **314** L'empire compte désormais 101 provinces. ■ **330** L'empereur Constantin le Grand déplace la capitale de l'Empire romain réunifié à Constantinople.

Ce buste de l'empereur Dioclétien a été découvert dans sa capitale, Nicomédie. Dioclétien mourut en 313 ap. J.-C.

Les Navires romains

Le transport par bateau des denrées et autres marchandises revêtait une extrême importance dans la vie quotidienne de l'Empire romain. Il était, par exemple, beaucoup plus aisé et rentable de transporter le blé par mer que par voie terrestre. Au IIe siècle ap. J.-C., de nombreuses routes maritimes sillonnaient l'empire. Rome et d'autres villes recevaient même des produits de luxe provenant de contrées aussi lointaines que l'Inde ou la Chine.
"Les mouvements des navires ne cessent jamais - on se demande comment la mer, sans même parler du port, est assez grande pour tous ces navires de commerce." (Aelius Aristide).

Ce bas-relief sculpté vers 200 ap. J.-C. fut découvert près du port de Trajan. Le phare représenté derrière le navire est sans doute celui construit sous l'empereur Claude. Un navire marchand de ce type pouvait transporter environ six mille amphores. Les rames de la poupe servaient de gouvernail. La tête d'oie représente la déesse Isis, protectrice des navigateurs.

Ostie, port de Rome
Rome, capitale de l'empire, se devait d'être dotée d'un port maritime. Afin de faire face à l'énorme volume des échanges commerciaux, l'empereur Claude fit construire un port artificiel près d'Ostie, à l'embouchure du Tibre. Un demi-siècle plus tard, en 103 ap. J.-C., Trajan agrandit les installations et les relia à la ville par un profond chenal.
Au IIe siècle, Ostie comptait environ cinquante mille habitants. Les compagnies privées qui géraient la vie commerciale du port bâtirent de grands entrepôts dans le centre de la ville. ■

Ce navire décharge à Ostie sa cargaison de vin, d'huile, de blé et de tissu. Une grande partie du blé était distribuée gratuitement aux quelque deux cent mille habitants de Rome trop pauvres pour subvenir à leurs besoins.

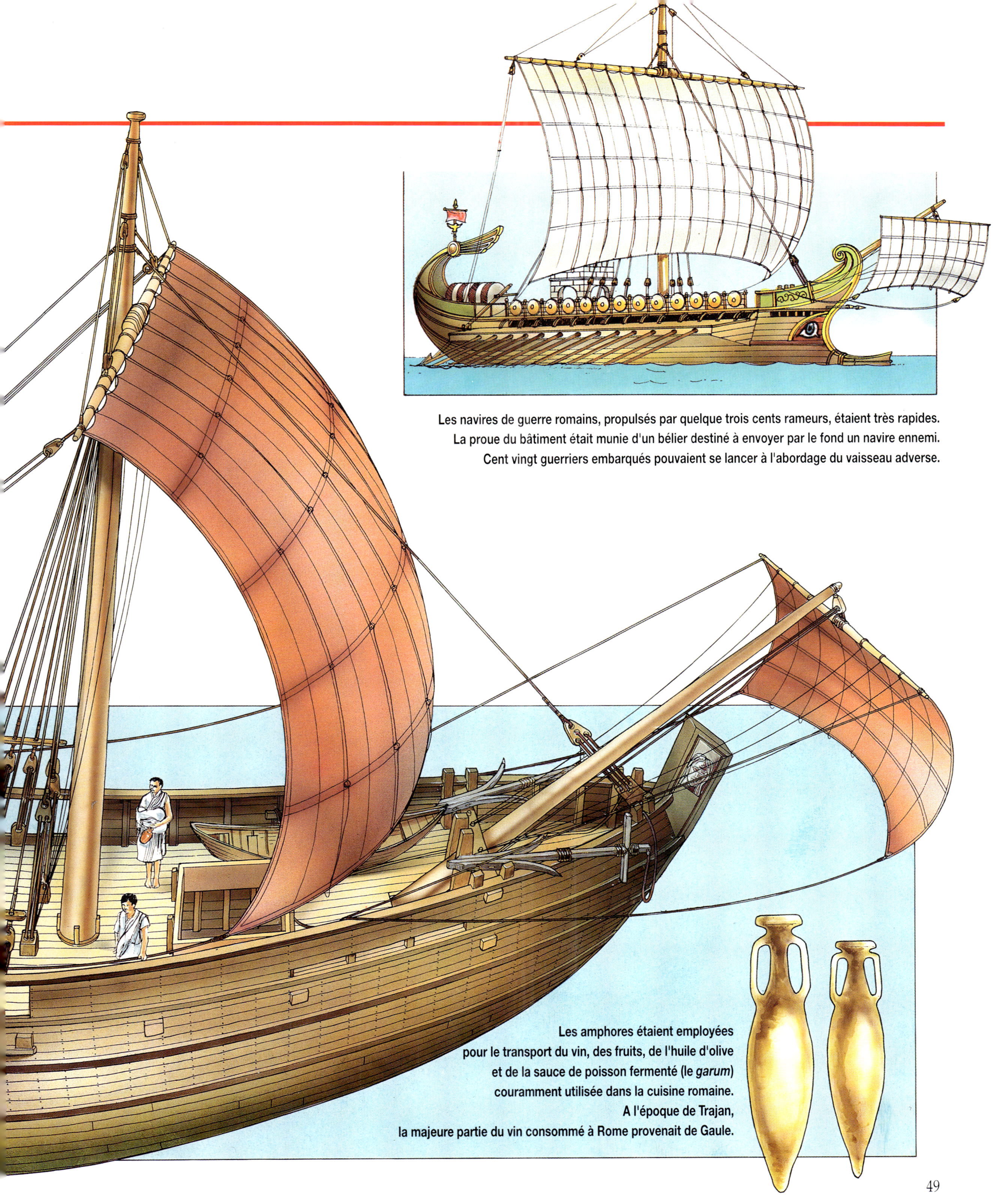

Les navires de guerre romains, propulsés par quelque trois cents rameurs, étaient très rapides. La proue du bâtiment était munie d'un bélier destiné à envoyer par le fond un navire ennemi. Cent vingt guerriers embarqués pouvaient se lancer à l'abordage du vaisseau adverse.

Les amphores étaient employées pour le transport du vin, des fruits, de l'huile d'olive et de la sauce de poisson fermenté (le *garum*) couramment utilisée dans la cuisine romaine. A l'époque de Trajan, la majeure partie du vin consommé à Rome provenait de Gaule.

Deuxième Partie

Géographie d'un Empire

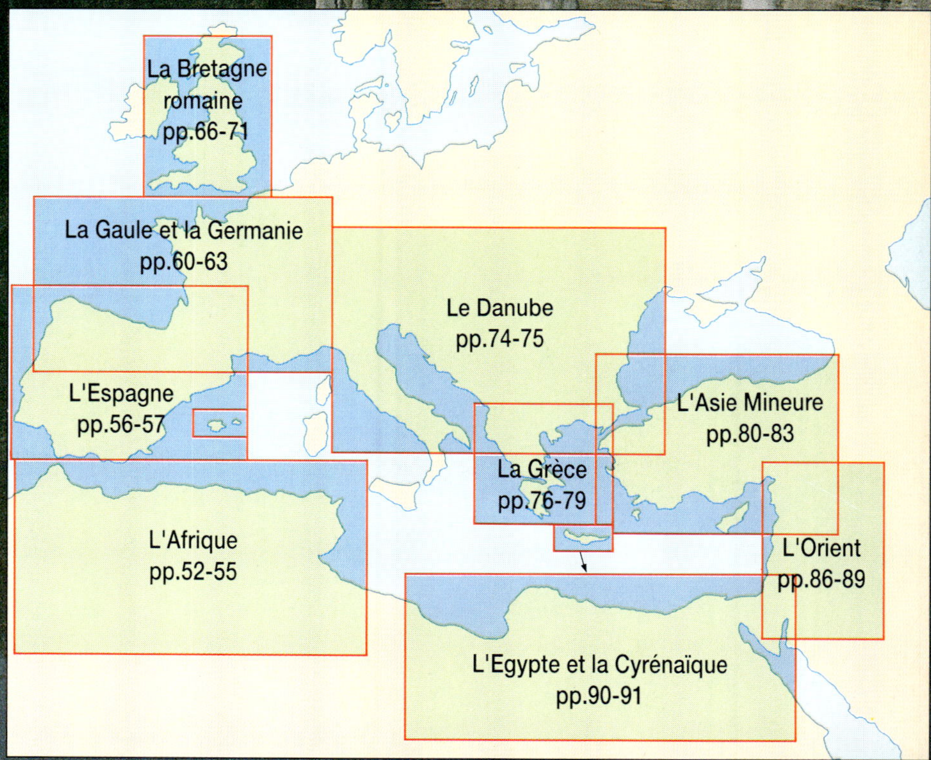

La villa d'Hadrien, près de Rome, construite vers 125-135 ap. J.-C.

L'Afrique

La source qui alimentait Carthage étant située à plus de cinquante kilomètres de la cité, il fallut construire un aqueduc. L'eau était ensuite stockée dans d'énormes citernes à l'intérieur de la ville.

Les Romains prirent possession de la province d'Afrique en 146 av. J.-C., après la destruction de Carthage. Les terres romaines d'Afrique, qui ne couvraient alors que l'actuelle Tunisie, s'étendirent ensuite jusqu'en Libye, à l'est, et jusqu'au Maroc, à l'ouest. Montagnes et déserts délimitaient le territoire au sud.

Exportations vers l'empire

La province d'Afrique était particulièrement riche : elle couvrait les deux-tiers des besoins en blé de Rome et exportait ses olives et son huile d'olive en différents points de l'empire. Des fouilles archéologiques ont permis de retrouver des amphores et des pressoirs enfouis dans le sol de nombreuses villas.

L'Afrique fournissait également des animaux sauvages aux amphithéâtres romains. Léopards, onagres, rhinocéros, lions, éléphants, antilopes, zèbres, girafes et autruches étaient "chassés", puis tués lors des jeux du cirque.

C'est à l'armée romaine que l'Afrique dut sa prospérité. Quelque vingt-huit mille soldats, cantonnés dans

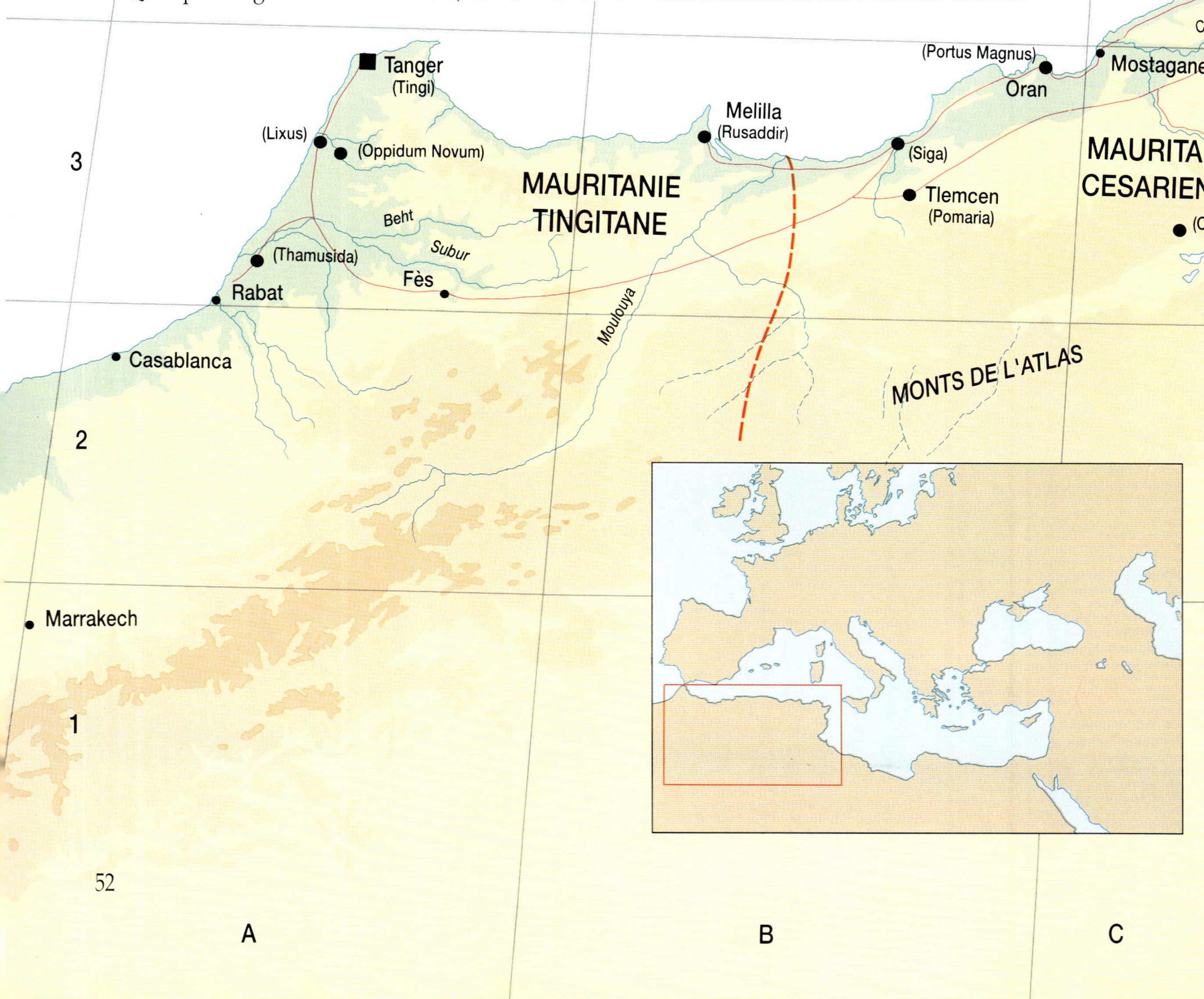

Cette mosaïque multicolore décorait une maison à Thugga (l'actuelle Dougga). Le pêcheur utilise un équipement très similaire à celui d'aujourd'hui : canne, épuisette et panier pour y mettre les prises.

un réseau de forts et de camps, patrouillaient la région. Ils construisirent des routes et levèrent des cartes. La terre fut divisée en lopins, de grandes exploitations agricoles furent créées, qui pour nombre d'entre elles appartenaient à l'empereur ou à de riches familles de la lointaine Rome.

Nouvelles colonies

Avant même l'arrivée des Romains, il existait sur la côte nord de l'Afrique un nombre important de villes, dont Carthage, la capitale d'Hannibal. A l'ouest, en Mauritanie, l'empereur Auguste établit douze nouvelles colonies à l'intention d'anciens soldats et de leurs familles.

Ces nouveaux arrivants contribuèrent au développement d'un mode de vie à la romaine sur les côtes sud de la Méditerranée, mais les populations autochtones conservèrent néanmoins leur langue et une partie de leur culture. ■

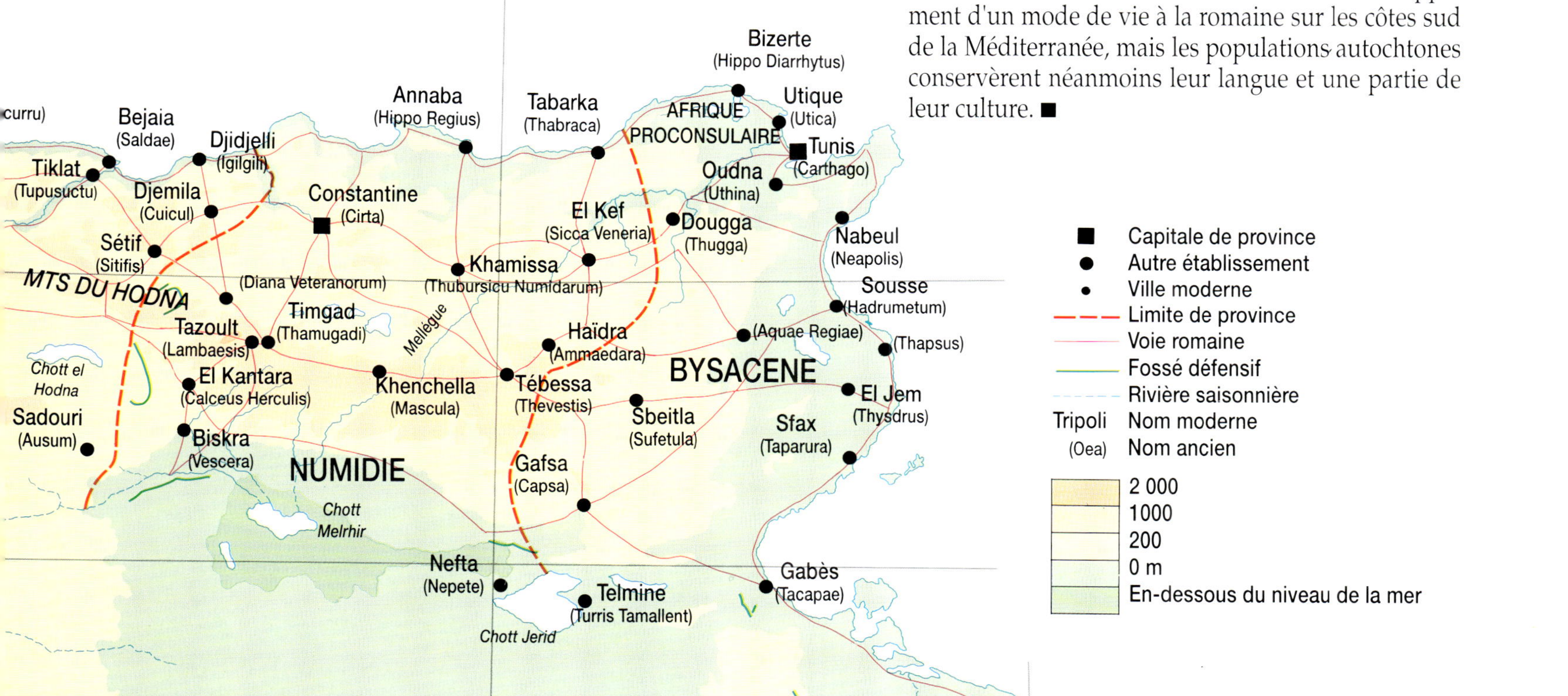

Détail de l'une des colonnes finement sculptées de Leptis Magna. Diverses scènes de la vie du dieu Bacchus sont séparées par un entrelacs de vigne.

Ce temple, dédié aux "dieux de la cité" de Thugga fut construit par une riche famille de la région, qui dota également la ville d'un splendide théâtre.

Sites africains

Le Port de Leptis Magna

Les inscriptions gravées sur cette borne milliaire de Leptis Magna indiquent que la route s'enfonçait de 44 milles romains (65 km) dans les terres.

La ville de Leptis Magna fut probablement fondée par les Phéniciens au Ve siècle av. J.-C., près d'un port bien abrité de la côte de Tripolitaine (l'actuelle Libye). Devenue cité romaine, elle accrut sa prospérité. Un phare et une balise signalaient aux navires l'entrée du port, par où transitaient des marchandises telles le blé et l'huile d'olive.

D'élégants édifices

Des citoyens de Leptis qui s'étaient enrichis grâce au commerce et à l'agriculture y firent dresser de magnifiques édifices. L'empereur Septime Sévère, originaire de Leptis, dota la ville d'un nouveau port, d'un forum et d'une basilique. Une imposante avenue bordée de somptueuses colonnades menait du port aux thermes.

Septime revint dans sa ville natale en 203 ap. J.-C. Pour célébrer l'événement, les habitants édifièrent à un carrefour un immense arc commémoratif.

Aujourd'hui encore, on peut s'asseoir sur les gradins du théâtre de Leptis et contempler la Méditerranée : de nombreux vestiges de la ville antique ont été préservés sous les dunes de sable qui ont progressivement englouti la ville. ■

Ce théâtre fut construit au Ier siècle ap. J.-C. par un riche aristocrate. Sur la droite se dressent les colonnes d'un temple.

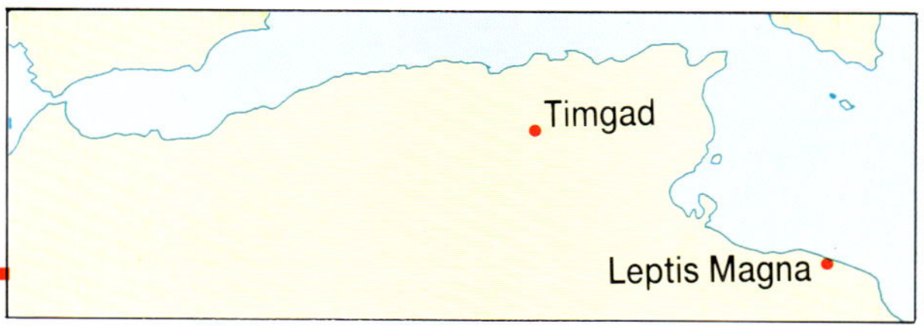

TIMGAD ET SES VÉTÉRANS

Cette photographie aérienne de Timgad permet de constater la régularité du plan de la ville. On peut voir les ombres des colonnades qui bordent les deux rues principales.

Au contraire de Leptis, qui avait été fondée par les Phéniciens, Timgad était une "ville nouvelle" romaine, bâtie en 100 ap. J.-C. pour accueillir les vétérans de la 3e Légion stationnée à Lambèse. A l'instar de nombreuses colonies romaines, la ville s'étendit selon un plan régulier rappelant celui des forts de l'armée. Elle formait un quadrilatère d'environ 350 mètres de côté. Timgad comptait cent onze pâtés de maisons (appelés *insulae*) de taille à peu près égale. Un plan aussi régulier permit aux premiers colons de construire une cité bien organisée autour de ses rues pavées.
Les maisons des vétérans et de leurs familles occupaient la plus grande partie de la ville. Les urbanistes n'avaient pas laissé beaucoup de place pour les édifices publics. Sur la photographie aérienne, on distingue facilement le forum et le théâtre, bâtis à proximité du croisement des deux rues principales, au centre de la ville. Timgad possédait également un marché et des thermes.

Croissance et réussite

Afin de fournir aux citoyens les équipements nécessaires et pour loger une population en augmentation constante, de nouveaux quartiers durent être construits hors du site originel.
Ces nouvelles zones, qui datent du milieu du IIe siècle, comprenaient treize établissements de bains supplémentaires, une bibliothèque, des temples, un marché aux vêtements et un arc de triomphe. La population continuant de croître, les autorités permirent la construction de maisons en dehors du quadrilatère. Les murs qui entouraient la ville furent abattus et des faubourgs se développèrent à l'ouest et au nord. En haut et à droite de la photographie, on peut voir ces quartiers qui ne respectent plus le plan militaire.
Le dynamisme de Timgad, nourri par la richesse des terres agricoles alentour, contribua au maintien de la paix dans cette région frontalière. ■

La rue principale de Timgad menait au fort de Lambèse. Les Romains dépensèrent des sommes importantes pour doter leurs villes de rues pavées et de colonnades.

L'Espagne

Les premiers établissements romains d'Espagne (Hispania) furent implantés dans le sud et l'est de la péninsule. Après en avoir achevé la conquête, Auguste divisa l'Espagne en trois provinces qui connurent une romanisation rapide, bien qu'une légion demeurât stationnée en pays basque pour prévenir toute tentative de rébellion.

La plus ancienne et la plus célèbre des villes de l'Espagne romaine était Italica, près de l'actuelle Séville, qui vit naître les empereurs Trajan et Hadrien. Sous le règne de ce dernier, elle fut redessinée et dotée de rues bordées de colonnades, ainsi que d'un vaste amphithéâtre.

Minerais, vins et garum

"Presque toute l'Espagne possède des mines qui produisent du plomb, du fer, de l'étain, de l'argent et de l'or", écrivait Pline au Ier siècle de notre ère. La péninsule abondait également en cuivre, dont la plupart des mines étaient propriété de Rome.

Outre ses métaux, l'Espagne exportait d'énormes quantités de vin et d'huile d'olive. Elle était également réputée à travers l'empire pour sa sauce de poisson fermenté, le *garum*, que les Romains utilisaient abondamment dans leur cuisine. ■

Le plus élevé de tous les ponts du monde romain fut construit sur le Tage, à Alcantara, en 106 ap. J.-C.

Cet aqueduc acheminait l'eau de Riofrio jusqu'à Ségovie, sur seize kilomètres. Ses arches hautes de trente mètres dominaient la ville entière.

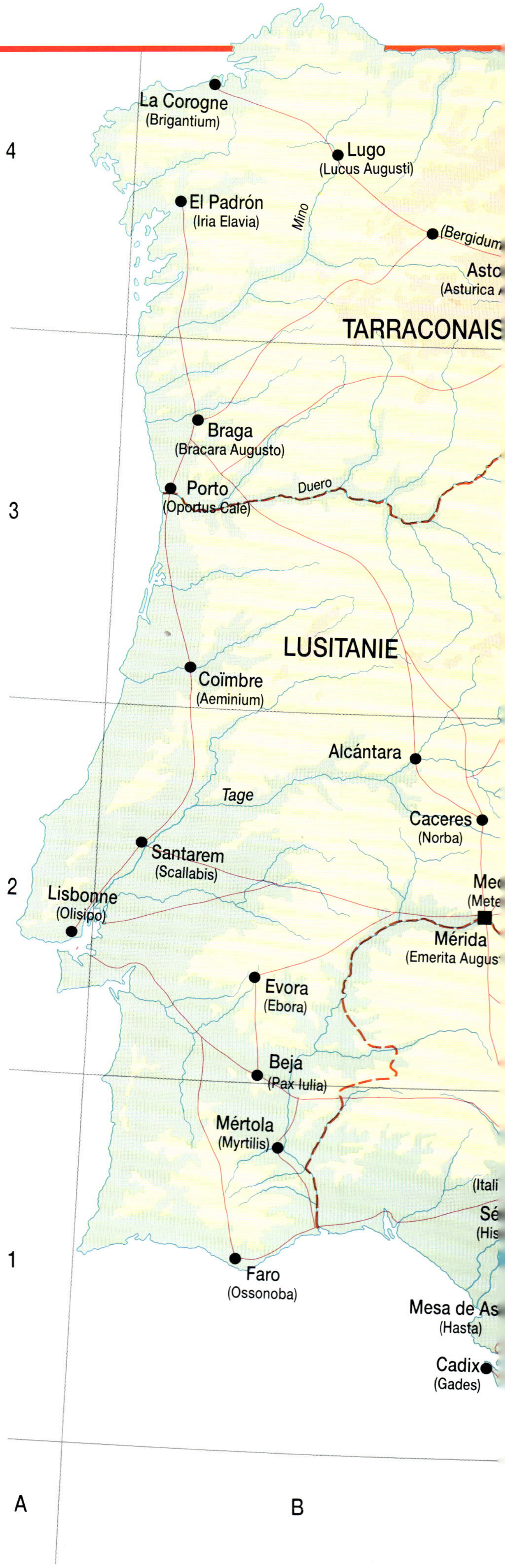

GOLFE DE GASCOGNE
Gijón
(Gigia)
(Portus Victoriae)
viedo
vetum)
NTS CANTABRIQUES
Retortillo
(Iuliobriga)
Araquil
(Araceli)
PYRÉNÉES
Pampelune
(Pompaelo)
León
(Legio)
Leiva
(Libia)
Sasamón
(Segisamo)
Calahorra
(Calagurris)
Alfaro
(Graccuris)
Huesca
(Osca)
Vich
(Ausa)
Gérone
(Gerunda)
Palancia
(Pallantia)
Valderaduey
SIERRA DE
LA DEMANDA
Tarazona
(Turiasso)
Ebre
Lérida
(Ilerda)
Saragosse
(Caesaraugusta)
Barcelone
(Barcino)
Zamora
celum Duri)
Simancas
(Septimanca)
Douro
Osma
(Uxama Argela)
(Bilbilis)
Tarragone
(Tarraco)
Arixa
(Arcobriga)
Ségovie
(Segovia)
Salamanque
(Salmantica)
SIERRA DE GUADARRAMA
SERRANIA DE CUENCA
Tortosa
(Dertosa)
Avila
(Avela)
Tage
Madrid
RA DE GREDOS
(Titulcia)
Pollensa
(Pollentia)
Minorque
Mahón
(Mago)
Palma
BALEARES
Majorque
Tolède
(Toletum)
Cabeza de Griego
(Segobriga)
Talavera la Vieja
(Augustobriga)
(Saguntum)
Valence
(Valentia)
Júcar
Guadiana
Capitale de province
Autre établissement
Ville moderne
Limite de province
Voie romaine
Tolède Nom moderne
(Toletum) Nom ancien
(Oretum)
Lezuza
(Libisosa)
(Ad Aras)
Denia
(Dianium)
Almadén
(Sisapo)
TARRACONAISE
2000
1000
200
0 m
Alicante
(Lucentum)
Montoro
(Epora)
IQUE
Cordoue
(Corduba)
dalquivir
Carthagène
(Carthago Nova)
Martos
(Tucci)
Ecija
(Astigi)
Guadix
(Acci)
Genil
Osuna
(Urso)
Antequera
(Anticaria)
SIERRA NEVADA
Huércal
(Urci)
Málaga
(Malaca)
Echelle 1/3 400 000
0
150 km
Gibraltar
(Caipe)
C
D
E

LA VILLE ROMAINE

En 331 ap. J.-C., les habitants d'Orcistus, en Galatie, demandèrent à l'empereur Constantin de leur accorder le statut de *municipe* (cité). Voici sur quoi reposait leur demande : *"Ils ont déclaré que leur village présentait toutes les splendeurs d'une ville, nommait chaque année des magistrats et était peuplé de citoyens. De nombreuses routes publiques y menaient, l'eau n'y manquait pas, non plus que les thermes publics et privés. Enfin le village était orné de statues."*
Quiconque voyageait à travers l'Empire romain s'attendait à trouver des villes offrant le même genre d'équipements. Les premières cités romaines se développèrent progressivement sur des fondations plus anciennes, étrusques ou grecques par exemple. Dans les provinces, de nombreuses villes furent bâties sur des terres vierges de toute construction.

Le plan d'une ville
Comment s'organisait une cité romaine ? S'il s'agissait d'une ville nouvelle, ou si l'on reconstruisait une partie d'une ville ancienne, le plan en était géométrique, avec des rues - le plus souvent pavées - se coupant à angle droit et divisant la ville en pâtés de maisons réguliers.
Si la ville était suffisamment riche et si Rome lui en donnait l'autorisation, elle pouvait se protéger à l'intérieur d'une enceinte de pierre. Les cimetières étaient établis hors des murailles.

L'eau et les égouts
L'eau était amenée dans les cités au moyen d'aqueducs, puis distribuée grâce à des canalisations souterraines en plomb et à des fontaines. A Rome, elle passait au préalable par des chambres de décantation où elle était filtrée et débarrassée de ses impuretés. Les eaux usées (celles des thermes notamment) étaient évacuées par un système d'égouts. Des fonctionnaires étaient chargés d'assurer la bonne marche de ces services.

Les édifices publics
Les maisons, les boutiques et les ateliers occupaient la majeure partie de la ville. La zone publique la plus importante était le forum, qui faisait office de place du marché et de centre des affaires, entouré de divers édifices : cours de justice, salles de réunion (basiliques), bâtiments du conseil municipal et temples.
Les cités opulentes possédaient un théâtre, voire un amphithéâtre. Toute ville "civilisée" se devait en outre d'être dotée de thermes. ■

Herculanum, ville de la baie de Naples fondée au VIe siècle av. J.-C. (la tradition attribue sa fondation au demi-dieu Hercule), fut détruite par l'éruption du Vésuve, en 79 ap. J.-C. Cette ville de petite taille, qui comptait environ cinq mille habitants, était bâtie au bord de la mer. Elle possédait quelques maisons de deux ou trois étages fort élégantes, dotées de leurs propres jardins et offrant une belle vue sur la baie. Le rez-de-chaussée des maisons les plus ordinaires était occupé par des boutiques ou des ateliers. Toute la ville n'a pas été mise au jour par les fouilles, mais l'on a découvert un forum, un théâtre, une basilique, des thermes, un gymnase et une piscine.

L'intérieur des maisons
urbaines et rurales
était souvent richement orné.
Les murs étaient peints
avec des couleurs vives
et les sols parfois recouverts
de splendides mosaïques.

LA GAULE ET LA GERMANIE

La Gaule et la Germanie étaient peuplées de nombreux clans et tribus de langue celtique. *"Presque tous les Gaulois se caractérisent par leur grande taille, leurs cheveux blonds et leur teint rubicond. Ils ne cessent de se quereller et forment un peuple fier et insolent."* (Ammianus Marcellinus). Certains établissements du sud de la Gaule, dont Massilia, avaient été créés dès 600 av. J.-C. par des colons grecs. Six siècles plus tard, Jules César devait conquérir de vastes territoires au nord et repousser les frontières du monde romain vers l'ouest, jusqu'à l'Atlantique.

La "Gaule chevelue"
Cette zone d'expansion peut être divisée en trois parties fort distinctes. Au sud la Narbonnaise, où les premières colonies furent agrandies et romanisées. De magnifiques vestiges romains subsistent encore dans des villes comme Nîmes, Arles et Orange, les plus importantes de cette région avec Narbonne, où fut construit un vaste port.
Au nord et à l'ouest, la "Gaule chevelue" (Gallia Comata) était un pays très fertile, dont les campagnes peuplées se couvrirent de grandes exploitations agricoles. Sous le règne d'Auguste, en 27 av. J.-C., elle fut divisée en trois provinces impériales : l'Aquitaine, la Lyonnaise et la Belgique.
En Germanie, près du Rhin, de nouvelles colonies destinées aux vétérans de l'armée se créèrent au Ier siècle de notre ère, ainsi qu'une succession de forts protégeant la nouvelle frontière. Sous le Bas-Empire, l'installation à Trèves d'une cour impériale drainant richesses matérielles et financières entraîna un rééquilibrage de la puissance commerciale en faveur du nord. ■

Les Alpes constituent une barrière naturelle entre la France et l'Italie. Les Romains parlaient de régions situées "en deçà" ou "au-delà" des Alpes (Gaules cisalpine et transalpine). Les premières villes romaines de Gaule appartenaient à la "Province" (l'actuelle Provence).

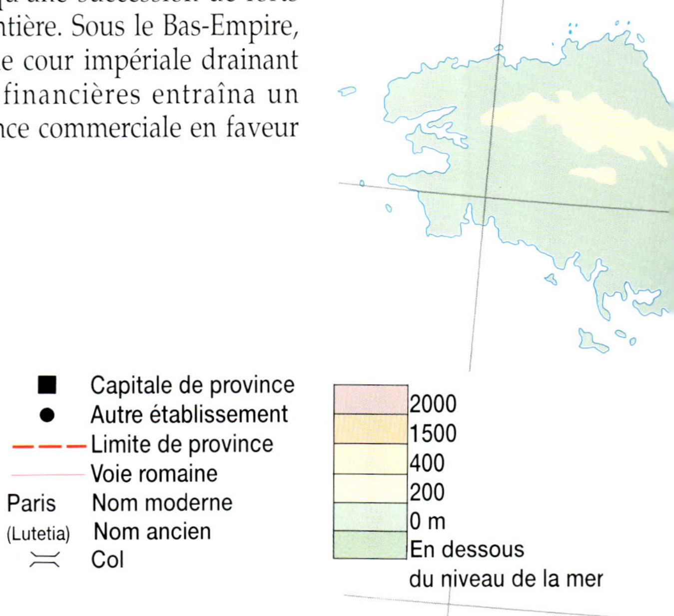

De nombreuses régions de Gaule et de Germanie se spécialisèrent dans des industries artisanales particulières. Elles exportaient leur production vers le reste de l'empire. Cette belle cruche de verre provient d'Urdingen.

Cette statue représentant un paysan a été découverte à Trèves. Le manteau à capuchon et les guêtres de laine permettaient de se protéger du froid hivernal.

Cette porte monumentale de l'enceinte de la ville d'Autun présente deux arches permettant l'accès des véhicules et deux autres destinées au passage des piétons.

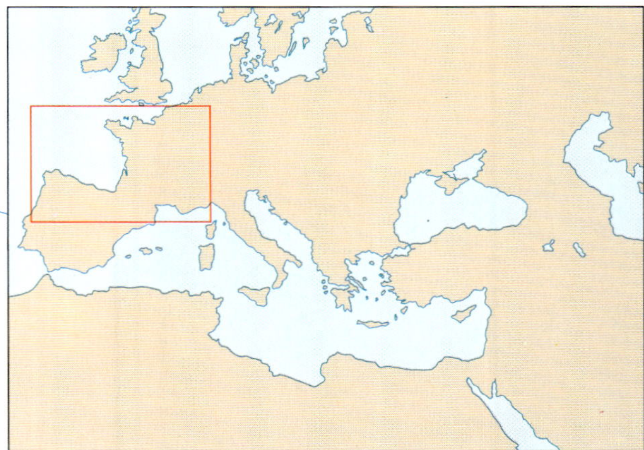

MANCHE
MER MÉDITERRANÉE
GERMANIE INFERIEURE
BELGIQUE
LYONNAISE
AQUITAINE
NARBONNAISE
GERMANIE SUPERIEURE
ALPES GREES ET PENNINES
ALPES COTTIENNES
ALPES MARITIMES
ALPES
JURA
VOSGES
TAUNUS
FORET NOIRE
MASSIF CENTRAL
PYRÉNÉES
Valkenburg
Nimègue (Noviomagus)
Xanten (Vetera)
Neuss (Novaesium)
Cologne (Colonia Agrippina)
Bonn (Bonna)
Tongeren (Atuatuca)
Coblence (Confluentes)
Wiesbaden (Aquae Mattiacae)
Mayence (Moguntiacum)
Worms (Borbetomagus)
Speyer (Noviomagus)
Boulogne (Gesoriacum)
Tournai (Turnacum)
Cambrai (Camaracum)
Amiens (Samarobriva)
Estrées-sur-Noye
Arlon (Orolaunum)
Trèves (Augusta Treverorum)
Nizy (Minatiacum)
Cherbourg (Coriallum)
Rouen (Retomagus)
Bayeux (Augustodurum)
Beauvais (Caesaromagus)
Reims (Durocortorum)
Metz (Divodurum)
Lisieux (Noviomagus)
Avranches (Legedia)
Paris (Lutetia)
Sées (Seii)
Chartres (Autricum)
Troyes (Augustobona)
Toul (Tullum)
Strasbourg (Argentorate)
Baden-Baden (Aquae)
Rennes (Condate)
Sens (Agedincum)
Nijon (Noviomagus)
Le Mans (Suindinum)
Auxerre (Autessiodurum)
Angers (Iuliomagus)
Nantes (Portus Namnetum)
Tours (Caesarodunum)
Avallon (Aballo)
Augst (Augusta Rauricorum)
Windisch (Vindonissa)
Dijon (Dibio)
Besançon (Besontio)
L. de Neuchâtel
Bressuire (Segora)
Bourges (Avaricum)
Decize (Decetia)
Autun (Augustodunum)
Chalon-sur-Saône (Cavillonum)
Argenton (Argentomagus)
Poitiers (Limonum)
Vevey (Viviscus)
L. Léman
Nyons (Noviodunum)
Genève (Geneva)
Rom (Rauranum)
Néris-les-Bains (Aquae Neri)
Royan (Noviorigum)
Saintes (Mediolanum Santonum)
Limoges (Augustoritum)
Clermont-Ferrand (Augustonemetum)
Lyon (Lugdunum)
Aime (Axima)
Feurs (Forum Segusiavorcum)
Vienne (Vienna)
Moûtiers (Darantasia)
Angoulême (Iculisma)
Suse (Segusio)
Périgueux (Vesunna)
Grenoble (Cularo)
Bordeaux (Burdigala)
Embrun (Eburodurum)
Cahors (Divona)
Bazas (Vasates)
Agen (Aginnum)
Rodez (Segodunum)
Uzès (Ucetia)
Orange (Arausio)
Digne (Dinia)
Cimiez (Cemenelum)
Lectoure (Lactora)
Nîmes (Nemausus)
St-Rémy-de-Provence (Glanum)
Antibes (Antipolis)
Lodève (Luteva)
Arles (Arelate)
Aix-en-Provence (Aquae Sextiae)
Bayonne (Lapurdum)
Auch (Elimbrris)
Toulouse (Tolosa)
Béziers (Baeterrae)
Marseille (Massilia)
Fréjus (Forum Iulii)
Carcassonne (Carcaso)
Narbonne (Narbo)
Castel-Roussillon (Ruscino)
Escaut
Meuse
Moselle
Seine
Marne
Rhin
Neckar
Loire
Saône
Rhône
Isère
Vienne
Allier
Dordogne
Garonne
Lot
Tarn
Adour
Durance
Echelle 1/4 000 000
0
150 km
A
B
C
D
1
2
3
4
5
6

LA VILLA D' ESTRÉES-SUR-NOYE

Cette photographie aérienne et ce dessin montrent une villa (exploitation agricole) située à Estrées-sur-Noye, dans la région d'Amiens (Samarobriva) qui, au cours de ces dernières années a fait l'objet de nombreuses recherches archéologiques. Les prises de vues aériennes ont permis de découvrir plus d'un millier de villas rurales. Les terres de la vallée de la Somme étaient certainement très fertiles à l'époque gallo-romaine, ce qui explique la présence d'exploitations de grande taille, assez semblables à celle d'Estrées. Les bâtiments agricoles se dressaient dans une grande cour longue de 350 mètres et ceinte de murs. Sur la photographie, on remarque un rectangle près de l'entrée principale : il s'agit probablement de l'emplacement d'un petit autel utilisé par les ouvriers agricoles. ■

Le plan de la villa gallo-romaine apparaît clairement, car à la suite d'un labourage en profondeur, les pierres et le mortier des murs affleurent aujourd'hui.

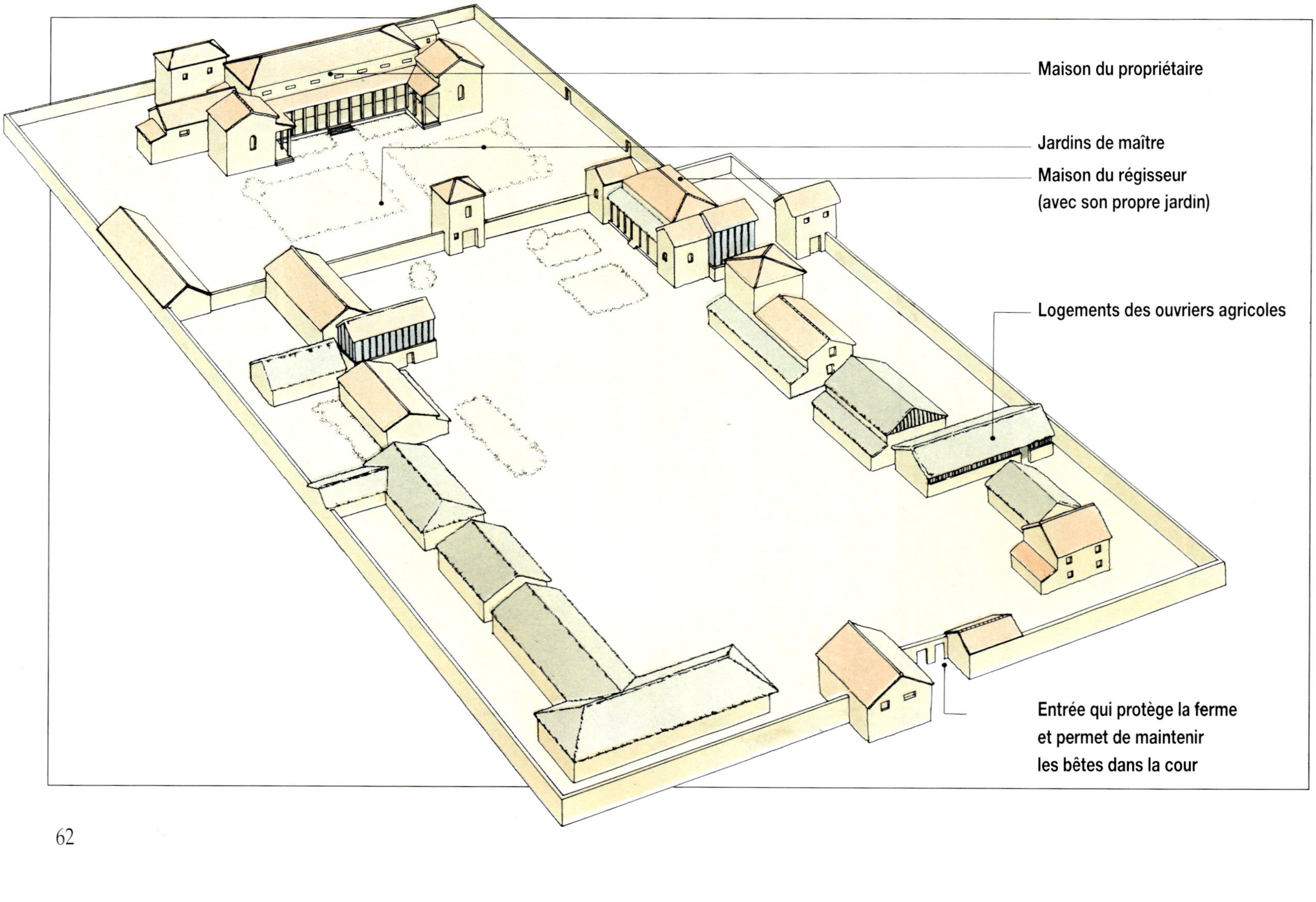

Reconstitution de la villa. La demeure du propriétaire se dressait dans un jardin de maître distinct des bâtiments d'exploitation.

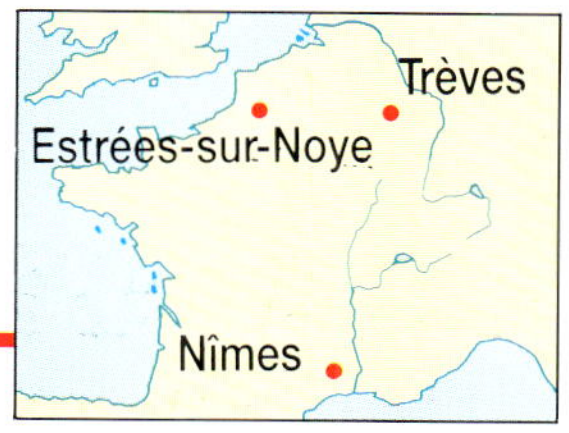

NIMES

La cité romaine de Nemausus repose sous la ville moderne de Nîmes, dans le sud de la France. Le site fut d'abord colonisé par les Celtes, puis par les Grecs. La ville romaine fut bâtie en 16 av. J.-C., à l'intention de vétérans de l'armée, puis agrandie par les empereurs Auguste et Antonin. Située dans une riche région agricole, elle connut une belle expansion : au IIe siècle ap. J.-C., elle comptait environ cinquante mille habitants. Nîmes possède de splendides vestiges romains : l'amphithéâtre (ou Arènes), la Maison carrée, et, non loin de la ville, le pont du Gard. ■

Cette monnaie commémore l'installation à Nîmes de Grecs venus d'Egypte. On pratiquait la chasse aux crocodiles du Nil dans les amphithéâtres. Les Arènes de Nîmes pouvaient contenir 25 000 spectateurs.

TREVES

Les habitants du nord-est de la Gaule étaient appelés Trévires. Vers 15 av. J.-C., Auguste créa une nouvelle ville au bord de la Moselle qu'il baptisa Augusta Treverorum (ville des Trévires fondée par Auguste). Beaucoup plus tard, l'empereur Constantin vint s'installer à Trèves, où il édifia une cathédrale, les plus grands thermes situés hors de Rome, un palais et une immense basilique. A l'abri de ses remparts crénelés, Trèves devint la première résidence impériale d'Occident, avant de décliner au Ve siècle sous les attaques répétées des Barbares et des Francs. ■

Cette peinture murale de Trèves serait le portrait de Fausta, épouse de l'empereur Constantin.

La Porta Nigra (Porte Noire), située à l'entrée nord de l'enceinte de Trèves, fut construite à la fin du IIe siècle ap. J.-C.

Cette fresque de Trèves représente des ouvriers agricoles devant une villa rurale.

Constructions et Techniques

"Le troisième Quartier de la Ville de Rome, appelé Isis et Sérapis, contient ... un atelier de frappe des monnaies ; l'amphithéâtre du Colisée, qui compte 45000 places assises ; une grande école de formation des gladiateurs ; la maison de Bruttius Prasesens ; le magasin central des théâtres ; la fontaine du Berger ; les thermes de Titus et de Trajan ; le portique de Livie ; le camp des marins de la flotte de Misène ; 12 autels aux carrefours ; 2757 immeubles ; 60 maisons privées ; 18 entrepôts ; 80 thermes ; 65 fontaines ; 16 boulangeries."

Ce catalogue officiel des édifices de l'un des quatorze quartiers de la Ville de Rome, dressé au milieu du IVe siècle ap. J.-C., montre bien l'ampleur des constructions à Rome. A la fin de ce catalogue, et pour la ville dans son ensemble, sont mentionnés 8 ponts, 28 bibliothèques, 11 forums, 10 basiliques, 11 grands établissements de bains publics, 19 aqueducs et 29 routes. Les Romains furent de grands bâtisseurs, très au fait des règles et des contraintes de l'architecture. Grands admirateurs des colonnades et temples grecs, ils n'hésitèrent pas à emprunter certaines techniques inventées par d'autres peuples, notamment les Etrusques.

Cet aqueduc, le pont du Gard, fut construit sous le règne d'Auguste pour amener jusqu'à Nîmes l'eau d'une source distante de 50 kilomètres.

La construction des réseaux routiers exigeait la présence d'arpenteurs sachant prendre des mesures sur le terrain. Les Romains s'efforçaient de tracer des routes aussi droites que possible. La chaussée surélevée était composée de plusieurs couches de pierres, de graviers ou de tout autre matériau disponible sur place.

Ce croquis
montre comment les Romains
parvenaient à édifier
de hautes structures soumises
à d'énormes contraintes.
Les arches disposées en cercle
répartissent horizontalement
la poussée verticale
exercée par le poids des pierres
et des milliers de spectateurs.

Une partie des moulins à eau
de Barbegal, près d'Arles :
huit paires de grandes roues
en bois, dont le mouvement
était transmis par des engrenages,
actionnaient les meules.
Après avoir alimenté le moulin,
l'eau s'écoulait en aval
dans un grand lac.
Ces grands moulins
produisaient toute la farine
nécessaire à la consommation
des 80 000 habitants
que comptait Arles
au début du IVe siècle.

Routes et communications

Les Romains surent se doter d'un réseau de communications d'une qualité inconnue dans le monde méditerranéen. Ce réseau rayonnait à partir du Grand Forum, point central marqué par une borne d'or. Dans les provinces, les premières routes furent construites à des fins stratégiques. Un messager impérial, se déplaçant à cheval et changeant de monture dans les relais de poste impériaux, pouvait parcourir plus de 240 kilomètres en vingt-quatre heures.

L'alimentation en eau des villes

La consommation d'eau des cités romaines était très importante, notamment à cause des thermes. L'eau était acheminée par des aqueducs. Si certaines de ces "conduites d'eau" n'étaient que de simples fossés aux parois renforcées de planches ou de pierres, de nombreuses régions étaient dotées d'aqueducs de pierre où l'eau circulait sur de longues distances.
A l'intérieur des villes, l'eau était collectée dans des bassins et des réservoirs avant d'être distribuée au moyen de canalisations souterraines. Un responsable de l'adduction d'eau de Rome, Frontinus, rédigea vers 97 ap. J.-C. un manuel décrivant son travail. Il estimait que ses aqueducs apportaient un milliard de litres d'eau par vingt-quatre heures.

Moulins et autres machines

Les Romains n'utilisaient sans doute pas l'énergie éolienne pour faire fonctionner leurs moulins, mais savaient en revanche tirer parti de l'énergie hydraulique. En de nombreuses régions de l'empire, ils construisirent des aqueducs afin d'amener l'eau à la pression requise pour mettre en mouvement des meules destinées à produire de la farine. Dans les villes, les boulangers employaient des esclaves ou des bêtes pour faire tourner des meules de taille plus modeste.
Les Romains inventèrent diverses machines afin de mener à bien des tâches ardues : parmi elles, le *vallus*, moissonneuse poussée par un cheval, ou un engin de levage à engrenage permettant d'apporter de lourds blocs de pierre au sommet d'un édifice en construction. Dans les cours de justice, des horloges à eau permettaient de minuter les discours.
Les machines romaines étaient en bois et non en métal, aussi ne pouvaient-elles résister à des contraintes mécaniques permanentes ou trop fortes. Les engrenages des moulins de Barbegal (ci-contre) devaient être fréquemment réparés. ■

La Bretagne romaine

"La population est très importante, et l'on trouve de très nombreuses fermes semblables à celles que construisent les Gaulois. Il y a de nombreux bovins. Ils utilisent pour monnaie des barres de bronze, d'or ou de fer. On trouve de l'étain dans l'intérieur, et de petites quantités de fer près des côtes. Il y a aussi du bois de toutes sortes. Tous les Bretons ont les cheveux longs, et les hommes portent la moustache."

Ainsi Jules César décrit-il la Bretagne dans *La Guerre des Gaules*. Les Romains souhaitaient conquérir la Bretagne pour diverses raisons. César savait que la Gaule nouvellement acquise ne serait pas en sécurité si les "fauteurs de troubles" celtes pouvaient s'échapper en Bretagne et y préparer des attaques.

Les Romains veillaient aussi à ce que leurs nouvelles provinces apportent des richesses à Rome. César évoque l'abondance des minerais en Bretagne ; le géographe Strabon vit d'autres possibilités d'exportations : cuir, chiens de chasse, esclaves. La province allait aussi fournir du blé aux armées rhénanes.

Pendant les périodes de troubles, les gens enterraient leurs richesses. Cette boucle en or datant du IVe siècle ap. J.-C. faisait partie du trésor de Thetford, découvert près d'une route romaine du Norfolk.

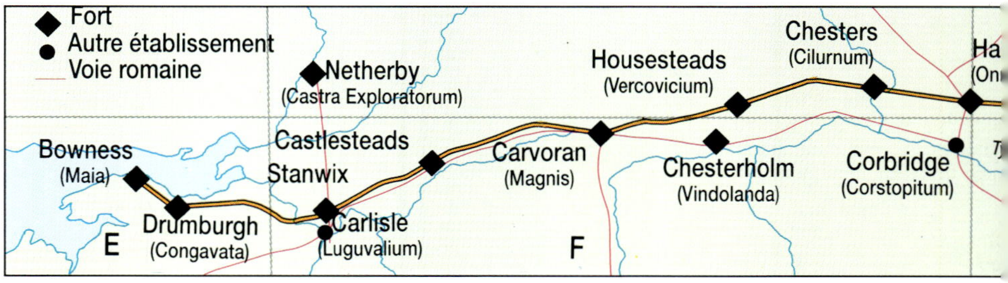

L'armée romaine fortifia deux frontières permanentes au nord de la Bretagne. Hadrien dressa le mur de pierre qui porte son nom ; quelques années plus tard, l'empereur Antonin bâtit un mur de terre encore plus au nord.

Cette inscription du fort de High Rochester, au nord du mur d'Hadrien, évoque les travaux effectués par les hommes de la 20e Légion détachés de leur base de Chester. Les deux personnages représentés sont Mars (dieu de la Guerre) et Hercule.

Une succession d'invasions

Jules César envahit la Bretagne à deux reprises, en 55 puis en 54 av. J.-C., sans y laisser de troupes. Un siècle plus tard, l'empereur Claude s'intéressa à son tour à cette "lointaine province" chantée par les poètes. Claude voulait se couvrir de gloire en menant à bien une grande campagne militaire.

En 43 ap. J.-C., il rejoignit en Bretagne son armée d'invasion, forte d'environ quarante mille hommes, qui avait progressé jusqu'à la Tamise. Claude prit alors la tête d'une grande procession (dans les rangs de laquelle on trouvait même des éléphants) pour aller prendre possession de la capitale, Camulodunum (l'actuelle Colchester).

"Romanisation" et prospérité

Claude ne resta que seize jours en Bretagne. Le chef de l'armée, Aulus Plautius, demeura sur place en tant que premier gouverneur de la province. Son armée poursuivit sa progression, vers le sud-ouest tout d'abord, et entreprit de conquérir ce nouveau territoire.

Les Romains s'assurèrent progressivement le contrôle de la majeure partie de l'Angleterre et du pays de Galles. Pourtant, ils ne parvinrent jamais à soumettre la totalité de l'île et furent forcés de construire une grande muraille défensive (le mur d'Hadrien) au sud de l'Ecosse. De puissantes garnisons militaires furent maintenues dans le nord et l'ouest.

Hormis certaines parties montagneuses du pays de Galles et du nord de l'Ecosse, la Bretagne se romanisa. Le réseau de routes construit par les envahisseurs se développa, des villes apparurent à proximité des forts de l'armée romaine ou des villages des tribus bretonnes. Des vétérans de l'armée et leurs familles établirent des colonies, des mariages eurent lieu entre Romains et Bretonnes. Mais à partir du IVe siècle, des raids scandinaves, puis saxons allaient mettre à mal cette domination. ■

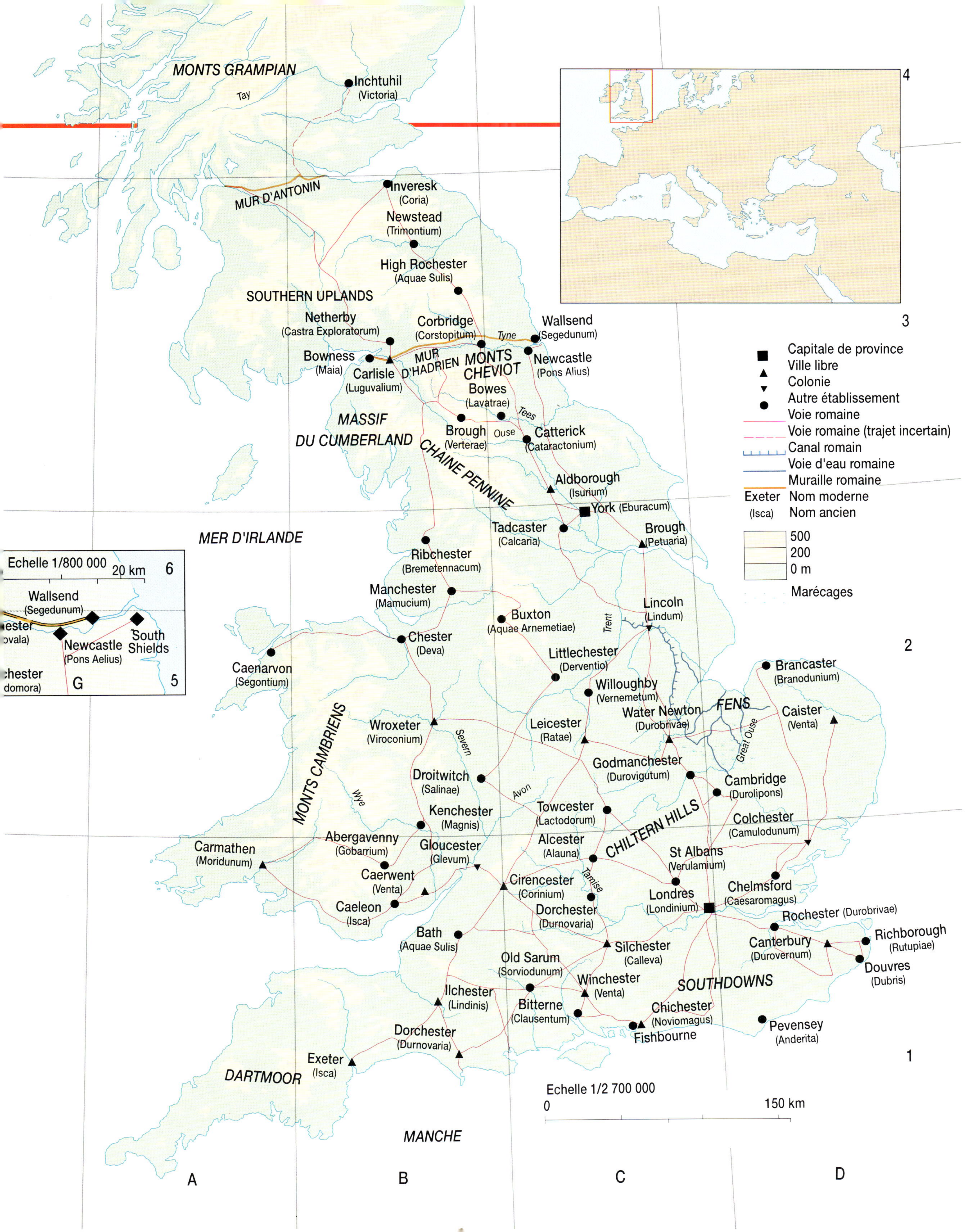
MONTS GRAMPIAN
Tay
Inchtuhil (Victoria)
MUR D'ANTONIN
Inveresk (Coria)
Newstead (Trimontium)
High Rochester (Aquae Sulis)
SOUTHERN UPLANDS
Netherby (Castra Exploratorum)
Corbridge (Corstopitum)
Tyne
Wallsend (Segedunum)
Bowness (Maia)
Carlisle (Luguvalium)
MUR D'HADRIEN
MONTS CHEVIOT
Newcastle (Pons Alius)
Bowes (Lavatrae)
Tees
MASSIF DU CUMBERLAND
Brough (Verterae)
Ouse
Catterick (Cataractonium)
CHAINE PENNINE
Aldborough (Isurium)
York (Eburacum)
Tadcaster (Calcaria)
Brough (Petuaria)
MER D'IRLANDE
Ribchester (Bremetennacum)
Manchester (Mamucium)
Buxton (Aquae Arnemetiae)
Trent
Lincoln (Lindum)
Chester (Deva)
Caenarvon (Segontium)
Littlechester (Derventio)
Brancaster (Branodunium)
Willoughby (Vernemetum)
Water Newton (Durobrivae)
FENS
Caister (Venta)
MONTS CAMBRIENS
Wroxeter (Viroconium)
Severn
Leicester (Ratae)
Great Ouse
Godmanchester (Durovigutum)
Droitwitch (Salinae)
Wye
Avon
Cambridge (Durolipons)
Kenchester (Magnis)
Towcester (Lactodorum)
CHILTERN HILLS
Colchester (Camulodunum)
Carmathen (Moridunum)
Abergavenny (Gobarrium)
Gloucester (Glevum)
Alcester (Alauna)
St Albans (Verulamium)
Caerwent (Venta)
Cirencester (Corinium)
Tamise
Chelmsford (Caesaromagus)
Londres (Londinium)
Caeleon (Isca)
Dorchester (Durnovaria)
Rochester (Durobrivae)
Bath (Aquae Sulis)
Silchester (Calleva)
Canterbury (Durovernum)
Richborough (Rutupiae)
Old Sarum (Sorviodunum)
Winchester (Venta)
Douvres (Dubris)
SOUTHDOWNS
Ilchester (Lindinis)
Bitterne (Clausentum)
Chichester (Noviomagus)
Fishbourne
Pevensey (Anderita)
Dorchester (Durnovaria)
Exeter (Isca)
DARTMOOR
MANCHE
Echelle 1/2 700 000
0
150 km
Echelle 1/800 000
20 km
Wallsend (Segedunum)
Newcastle (Pons Aelius)
South Shields
G
Capitale de province
Ville libre
Colonie
Autre établissement
Voie romaine
Voie romaine (trajet incertain)
Canal romain
Voie d'eau romaine
Muraille romaine
Exeter Nom moderne
(Isca) Nom ancien
500
200
0 m
Marécages
A
B
C
D
1
2
3
4
5
6

Le mur d'Hadrien, aux environs du fort de Housesteads.

Villes et Villas

Silchester, l'antique Calleva

Les villes de la province romaine de Bretagne ne se développèrent pas toutes de la même manière. Certaines s'établirent sur le site d'un ancien cantonnement d'une légion ; d'autres furent créées en tant que colonies pour vétérans. Les Romains encouragèrent également la transformation de lieux de peuplement tribaux en cités romanisées.

La tribu des Atrébates était installée dans l'actuel Hampshire, à un endroit désigné par les Romains sous le nom de Calleva Atrebatum (la ville dans les bois des Atrébates). Sous l'administration romaine, Calleva (l'actuelle Silchester) devint la capitale de la région.

La ville fut organisée selon le plan en damier habituel. Vers 200 ap. J.-C., une nouvelle enceinte de pierre fut édifiée. Calleva était dotée de tous les édifices publics permettant à des habitants qui n'avaient aucune expérience du mode de vie à la romaine d'en bénéficier. Le forum était situé au centre de la ville, à l'intersection des rues principales. Une basilique abritant une cour de justice et des salles de réunion et de cérémonie se dressait sur l'un des côtés de la place. Si Calleva ne possédait pas de théâtre, elle était pourvue d'un amphithéâtre (hors les murs), de thermes et de plusieurs temples.

La population de la ville était sans doute d'environ trois mille habitants. ■

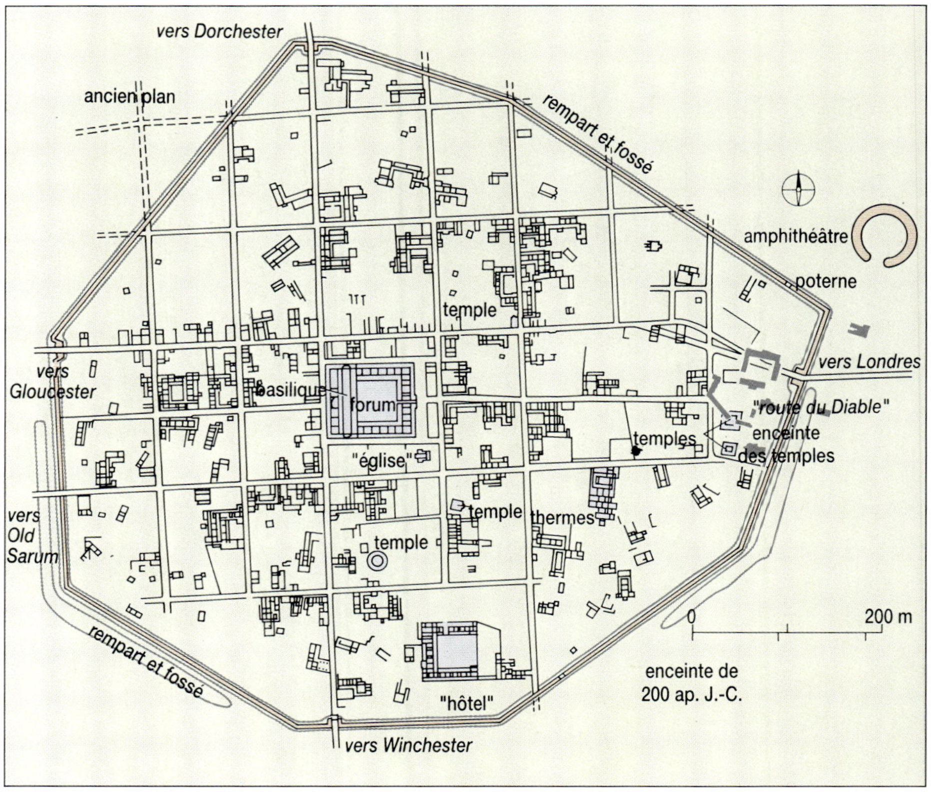

Calleva se dressait au croisement de deux routes importantes du sud de la Bretagne. Près de la route de Venta (Winchester), on a découvert les vestiges d'une "auberge". Ce type d'établissement se retrouvait dans toute la province, le long des grandes routes.

Cette vue aérienne de Silchester permet de comprendre comment les archéologues ont pu localiser les rues de la ville : les chaussées empierrées modifient la couleur des cultures.

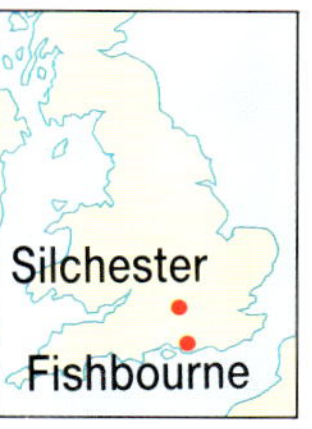

Le Palais de Fishbourne

La construction du magnifique palais romain de Fishbourne, dans le Sussex, a certainement coûté des sommes énormes, et l'on peut se demander qui avait les moyens de faire édifier une demeure aussi somptueuse.
Cogidubnus, roi de la tribu pré-romaine des Regni, avait manifesté sa sympathie pour Rome et aidé Claude dans son invasion de la Bretagne. Il en fut récompensé par les vainqueurs et reçut la permission de demeurer roi de cette région - qu'il admninistrait sans doute de Noviomagus (Chichester) - tout en devenant citoyen romain.
Quelques années plus tard, vers 75 ap. J.-C., c'est sans doute le même Cogidubnus qui fit bâtir un immense palais et aménager des jardins. Les voyageurs accédant au palais depuis la route de Chichester, ou par bateau, pénétraient par un grand vestibule dans un jardin ceint de murs. Le palais édifié autour des jardins comprenait des appartements et des thermes privés.

Cette mosaïque du IIe siècle ap. J.-C. prouve le raffinement du palais de Fishbourne. Elle représente Cupidon armé d'un trident, chevauchant un dauphin et entouré d'hippocampes.

Les archéologues ont mis au jour la presque totalité du palais de Fishbourne. La maquette ci-dessus indique l'importance de l'édifice. Sans doute le propriétaire des lieux voulait-il prouver ainsi aux Romains qu'il pouvait vivre comme eux.

Les pièces étaient chauffées au moyen d'un hypocauste et décorées de peintures murales et de mosaïques. Des maçons et des menuisiers venus de Rome furent certainement employés à la construction du palais, mais l'on sait aussi (grâce à une inscription) qu'il existait à Chichester une association d'artisans qui ne durent pas manquer de travail. Un nouvel hypocauste fut construit quelques années avant que le palais ne soit totalement détruit par un incendie, à la fin du IIIe siècle. ■

LES GRANDS DOMAINES

"Chaque fois que je suis exténué par les soucis et que je veux me reposer, je me rends à ma villa", écrivait le poète Martial.
Les Romains utilisaient le mot *villa* pour désigner soit une simple ferme, soit un grand domaine rural employant des centaines d'ouvriers agricoles, soit encore une maison de campagne ou une résidence de vacances en bord de mer. De nombreux Romains fortunés possédaient des exploitations agricoles disséminées à travers l'empire, où l'on cultivait la vigne, le blé ou l'olivier. Certains étaient également propriétaires de maisons à la montagne ou sur le littoral.

Les exploitations agricoles
Les fouilles archéologiques et les écrits de certains auteurs permettent de bien connaître les fermes romaines : la villa de Settefinestre (ci-contre) a fait l'objet d'études approfondies. Columelle, auteur d'un traité d'agronomie, écrivait :
"Une ferme doit être située en un endroit jouissant d'un climat sain, de sols fertiles, de terrains plats et de terrains vallonnés, sur une pente exposée à l'est ou au sud - mais pas trop abrupte (...). La villa doit être composée de trois parties : la villa urbana, demeure du propriétaire ; la villa rustica, maison du régisseur et des ouvriers agricoles ; et la villa fructuaria, comprenant les granges et les dépendances."

Les maisons de campagne
Que la maison du propriétaire fasse partie d'un vaste domaine agricole - comme à Settefinestre - ou d'une résidence de villégiature, les Romains souhaitaient y disposer de tout le confort d'une maison de ville. L'*atrium*, ou cour intérieure, était entouré de diverses pièces - chambres et *tablinum* (grande salle de réception). On pouvait aussi trouver plusieurs *triclinia* (salles à manger) disposéees autour de la maison afin de bénéficier du soleil tout au long de l'année.
A la ville, la famille se rendait aux bains publics. Dans la villa, elle disposait de salles d'eau à l'intérieur de la maison et à l'extérieur, dans un bâtiment séparé.

Les villas du nord
Le rôle économique de la villa était plus important dans le nord de l'empire - en Gaule et en Bretagne - que dans les régions méditerranéennes. Les terres du nord aux sols riches et fertiles, se prêtaient à l'exploitation de vastes domaines agricoles qui faisaient la fortune de leurs propriétaires. ■

Le mot *villa* pris dans son sens moderne pourrait tout à fait s'appliquer à cette luxueuse résidence de bord de mer, représentée sur une peinture murale de Pompéi. De nombreuses villas de ce genre étaient construites autour de la baie de Naples.

Tout le monde ne vivait pas dans de somptueuses villas. Cette mosaïque représente un paysan nord-africain versant du vin contenu dans une outre, devant sa hutte traditionnelle en chaume.

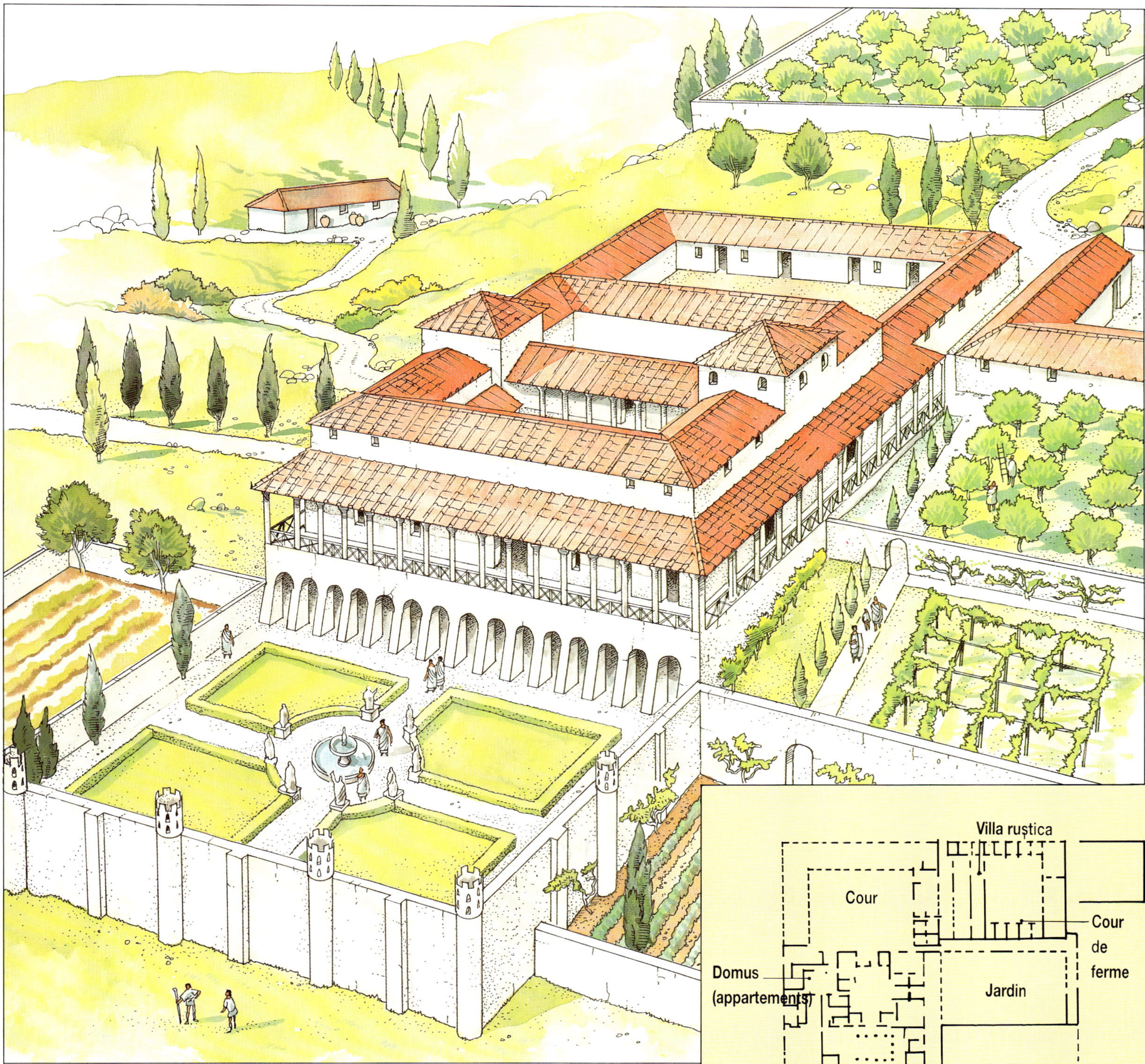

Le bâtiment principal de ce domaine est construit à flanc de côteau. Le régisseur et les esclaves étaient logés à l'arrière de l'établissement, le propriétaire et sa famille occupant le premier étage (où l'on trouvait aussi les pressoirs à vin et à huile), au-dessus des caves.

Plan de la grande villa de Settefinestre, placée au centre d'un vaste domaine établi au Ier siècle av. J.-C., près de la colonie de Cosa, dans le centre de l'Italie. Les fouilles effectuées depuis 1974 ont montré que le domaine se consacrait à la viticulture et employait de nombreux esclaves.

AUTOUR DU DANUBE

Aux confins de l'Empire romain, la Germanie et les provinces danubiennes étaient contiguës aux territoires des Barbares du nord, qui ne partageaient ni la langue ni le mode de vie des Romains.

Une frontière naturelle
Le Danube constituait une bonne frontière naturelle, mais de nombreux forts militaires furent néanmoins construits sur la rive sud du fleuve. Dans ces provinces septentrionales, Rome recrutait des soldats mercenaires qui allaient combattre en diverses contrées de l'empire.
Une ligne de défense permanente, appelée *limes*, fut établie au point le plus vulnérable des frontières du nord, entre Rhin et Danube. A l'est, l'empire était borné par la mer Noire.
En 106 ap. J.-C., les légions romaines effectuèrent une poussée vers le nord et conquirent la province de Dacie (dans l'actuelle Roumanie), où des colonies furent établies à l'intention des vétérans de l'armée.

Le développement des villes
Outre les familles des soldats, des commerçants vinrent s'installer auprès des forts légionnaires des régions danubiennes. De petits villages, appelés *canabae*, se développèrent et finirent par devenir de véritables villes romaines. A Split, sur l'Adriatique, l'empereur Dioclétien fit bâtir un palais où il se retira, après son abdication en 305. ■

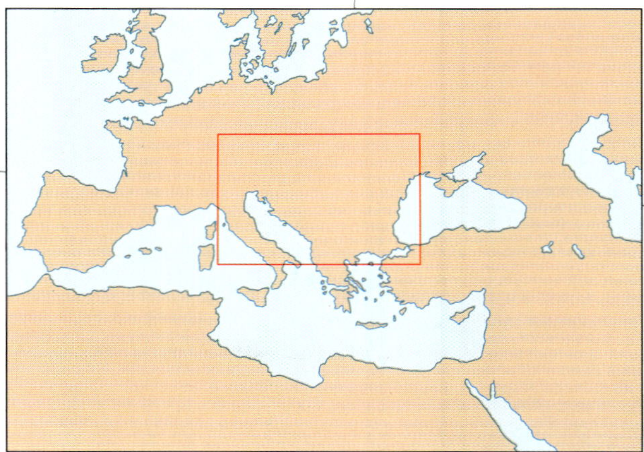

Construit en pierre et en terre, l'amphithéâtre de Carnuntum (près de Vienne, en Autriche) pouvait contenir treize mille spectateurs. En bas à gauche, on peut voir les traces de maisons romaines.

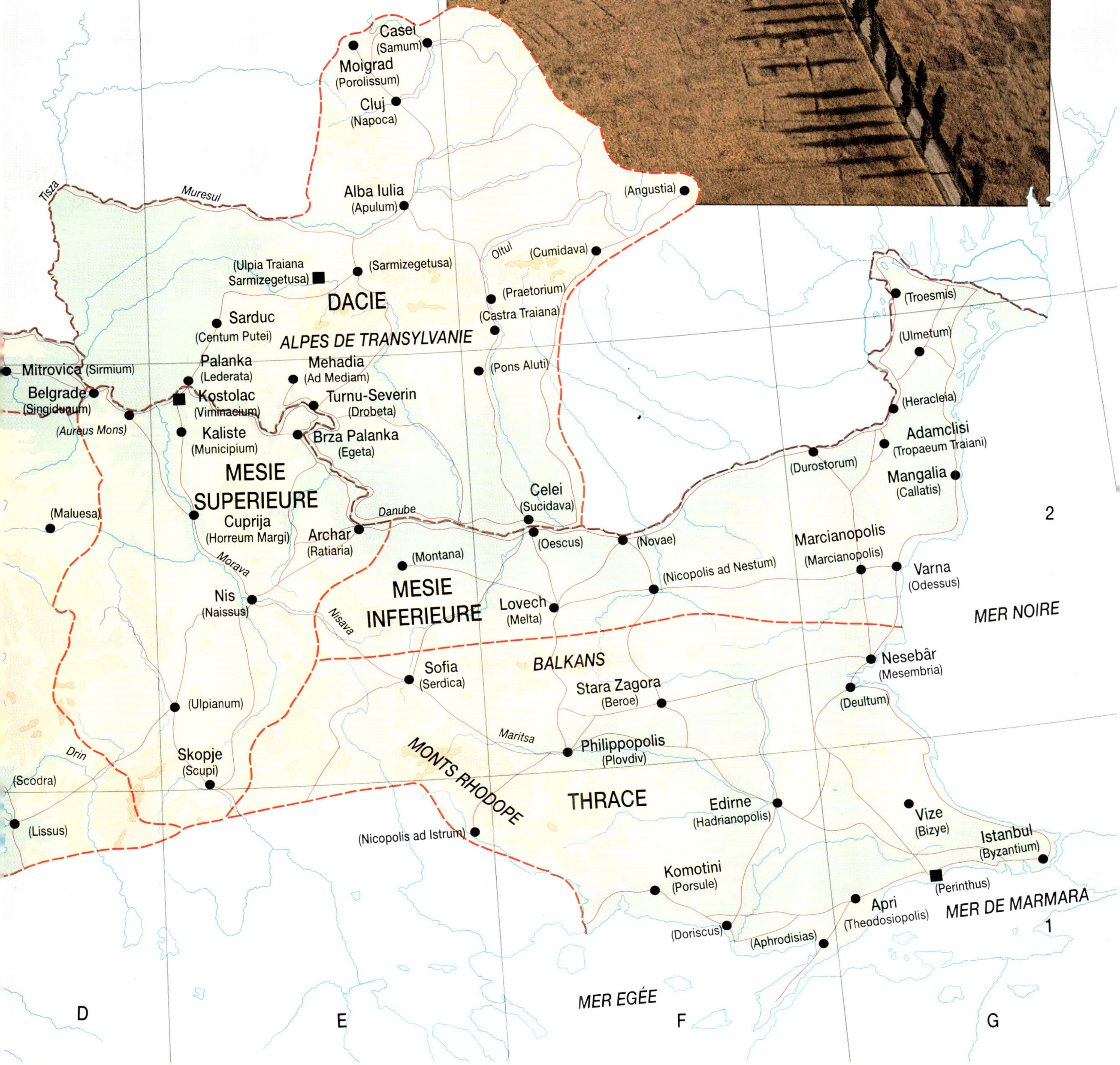

La Grece

Langue et culture grecques

Les Romains nourrissaient une vive admiration pour la civilisation grecque.
"Je préfère qu'un garçon apprenne le grec comme première langue. Qu'il le veuille ou non, il se mettra bientôt au latin, partout employé." Quintilien, l'auteur de ces phrases, devint le premier "professeur d'université" romain à Athènes. Il fut également chargé de l'éducation des enfants de l'empereur Vespasien. Les riches Romains envoyaient volontiers leurs fils (mais non leurs filles) parachever leur éducation à Athènes.

Les trois provinces de Grèce

Après l'avoir conquise au milieu du IIe siècle av. J.-C., les Romains avaient divisé la Grèce en trois provinces - Achaïe, Epire et Macédoine - dirigées par des gouverneurs. L'Achaïe, au sud, était le centre de la civilisation grecque ; sous l'administration romaine, plusieurs de ses cités et lieux sacrés, dont Delphes, furent restaurés et reconstruits.

Ce délicat relief de marbre (IVe siècle) représente le Christ sous les traits du dieu grec Apollon jouant de la lyre.

La majeure partie de ces travaux fut réalisée au IIe siècle ap. J.-C. Un riche Athénien du nom d'Hérode Atticus fit bâtir de nombreux édifices publics : un théâtre à Athènes, un aqueduc à Olympie, un stade à Delphes et des établissements de cure à proximité des Thermopyles.
Dans le nord, Thessalonique, grand port commandant l'accès à l'empire d'Orient, était la capitale provinciale de la Macédoine. Devenue colonie romaine au milieu du IIIe siècle, la ville fut agrandie au Ve, avec la construction d'une enceinte et d'un nouveau palais.

Les débuts du christianisme

La Grèce romaine est également associée au christianisme. C'est en Grèce que saint Paul se rendit lors de son deuxième voyage. Arrêté à la suite d'émeutes dans la colonie romaine de Philippes, il ne fut libéré que lorsque sa citoyenneté romaine eut été établie. Paul alla ensuite prêcher à Athènes et à Corinthe. ■

La Via Egnatia, entre Philippes et Neapolis, en Macédoine ; les pierres plates qui bordent cette voie romaine apparaissent nettement.

Construit au IVe siècle, le mur d'enceinte de Thessalonique subsiste encore sur la moitié de sa longueur originelle, qui était de huit kilomètres.

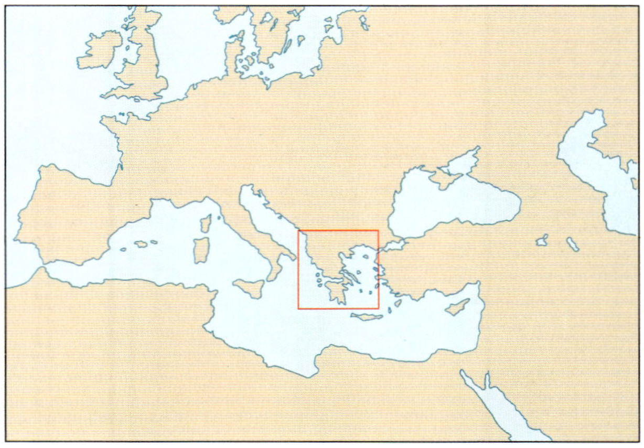

MACEDOINE
EPIRE
ACHAIE
PELOPONNESE
CHALCIDIQUE
MONTS DU PINDE
ILES IONIENNES
MER IONIENNE
MER EGÉE
SPORADES SEPTENTRIONALES
CYCLADES
Durrës (Epidamnus)
Ohrid (Lychnidus)
Bitola (Heraclea Lyncestis)
(Stobi)
Crna
Axios
Struma
Kavala (Neapolis)
(Philippi)
(Amphipolis)
(Thasos)
Thassos
(Samothracia)
Samothrace
L. d'Ohrid
L. Prespa
(Apollonia)
Vijose
(Oricum)
(Aegae)
(Pella)
Salonique (Thessalonica)
(Beroea)
Aliakmon
(Dium)
Mt Olympe
(Potidaea)
(Hephaestia)
Lemnos
Sarande (Onchesmus)
Corfou (Corcyra)
Corfou
(Dodona)
Trikala (Tricca)
Pinios
(Larisa)
(Metropolis)
(Demetrias)
(Ambracia)
(Nicopolis)
Skiros
Thermopyles
(Aedepsus)
Leucade
(Stratus)
(Naryca)
Delphes (Delphi)
(Halae)
Eubée
(Anthedon)
(Naupactus)
Livadia (Lebadea)
Sami (Same)
Céphalonie
Thèbes (Thebae)
Thisvi (Thisbe)
(Marathon)
Patras (Patrae)
(Eleusis)
(Sicyon)
Corinthe (Corinthus)
(Isthmia)
Le Pirée (Piraeus)
Athènes (Athenea)
(Geraestus)
Andros
Olympie (Olympia)
(Mycenae)
Egine
Mt Laurion
Zante
Alfios
(Mantinea)
(Argos)
(Asine)
(Troezen)
Tinos
(Tinos)
(Megalopolis)
Mt Ithomé
Messini (Messene)
Sparte (Sparta)
Paros
(Naxos)
Sifnos
Naxos
Milo
(Teuthrone)
(Asopus)
Santorin
(Thera)
Cythère
Capitale de province
Autre établissement
Ruines
Sommet
Col
Limites de province
Voie romaine
Athènes Nom moderne
(Athenae) Nom ancien
2000
1000
200
0 m
Echelle 1/2 500 000
0
120 km
A
B
C
D
1
2
3

ATHENES, CITÉ DE TOUTES LES SPLENDEURS

Une grande partie de l'Athènes antique fut détruite au Ier siècle av. J.-C. par les armées du consul Sylla. Plusieurs empereurs romains relevèrent et agrandirent la cité, pour restaurer ce symbole de la civilisation classique. Jules César et Auguste bâtirent des édifices publics. Hadrien fit réaliser de grands travaux. Le richissime Hérode Atticus construisit un odéon de plus de cinq mille places, consacré aux chants et à la musique.

Athènes et l'empereur Hadrien

Hadrien se rendit pour la première fois à Athènes en 124-125 ap. J.-C. : à la fin de son règne, en 138, il avait presque totalement transformé la ville. Il acheva la construction - commencée au VIe siècle av. J.-C. - d'un temple consacré à Zeus (le Jupiter des Romains) et édifia un sanctuaire dédié à tous les Grecs. Sous son règne, Athènes s'enrichit encore d'un aqueduc, d'un gymnase, d'une immense bibliothèque et d'un pont.

Sur un arc de triomphe dressé en hommage à cet empereur, on peut lire l'inscription suivante : *"Ici est Athènes, ancienne cité de Thésée"* ; mais sur l'autre face du monument sont gravés ces mots : *"Ici est la cité d'Hadrien, et non plus celle de Thésée"*. ■

A l'intérieur de cette "Tour des vents" datant du Ier siècle av. J.-C. se trouvait une horloge à eau. La tour est ornée de reliefs représentant les "huit vents".

Statue d'Hadrien, avec à l'arrière-plan l'Acropole. Sur la cuirasse de l'empereur, on peut voir la Louve allaitant Romulus et Remus, ainsi qu'une allégorie de la Victoire.

L'Acropole d'Athènes : le Parthénon, temple grec dédié à la déesse protectrice de la ville, domine l'odéon d'Hérode Atticus.

CORINTHE, DÉTRUITE ET RECONSTRUITE

Au temps de la splendeur grecque, Corinthe était une ville riche et importante. Un auteur romain la décrivit comme *"une magnifique cité pleine de trésors de toutes sortes"*.

Au milieu du IIe siècle av. J.-C., Corinthe, comme d'autres cités d'Achaïe, tenta de s'opposer à Rome. Les conséquences en furent désastreuses : le consul romain Lucius Mummius, envoyé en Grèce à la tête d'une grande flotte et d'une armée, incendia la ville, réduisit ses habitants en esclavage et fit main basse sur tous ses trésors artistiques (146 av. J.-C.).

Un siècle plus tard, Jules César choisit le site de Corinthe pour y établir une colonie de vétérans venus d'Italie. Il entreprit de relever certaines des ruines et fit bâtir une nouvelle ville. La Corinthe romaine devint une importante cité commerciale.

Le théâtre de Corinthe fut construit par les Grecs, avant d'être relevé et transformé par les Romains. Il n'en demeure aujourd'hui que quelques gradins de pierre.

La restauration de la cité grecque

Le temple dédié au dieu Apollon dominait tous les autres édifices de Corinthe ; construit au VIe siècle av. J.-C., il fut restauré par les Romains. On accédait au centre de la cité par une large avenue (qui plus tard prit le nom de rue de Lechaion), longue de plus de cinq cents mètres, qui partait du port. A l'extrémité de cette voie, on pénétrait sur le forum (que les Grecs appelaient *agora*) en passant sous un grand arc de triomphe. Ce forum était entouré d'édifices à colonnades et notamment de basiliques, où étaient conduites les affaires de la cité, capitale de la Grèce romaine.

Hérode Atticus finança la construction à Corinthe d'un odéon, plus petit que celui d'Athènes, d'une capacité de trois mille places.

En 521, Corinthe fut de nouveau détruite, par un tremblement de terre cette fois.

Plan de la Corinthe romaine. Les Romains édifièrent plusieurs temples dans le centre de la cité.

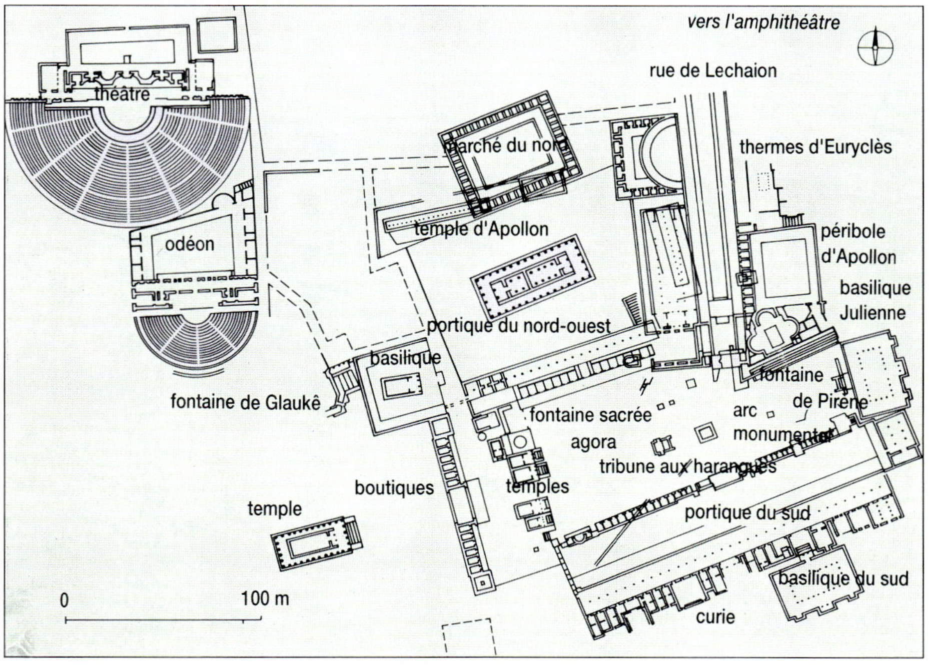

Le canal de Corinthe

Depuis 1893, un canal relie le golfe de Corinthe à la mer Egée. C'est Jules César qui le premier eut l'idée de faire percer l'isthme à cet endroit. Caligula fit effectuer des relevés sur le terrain et Néron fit entreprendre des travaux, rapidement interrompus, par six mille esclaves juifs, en 67 av. J.-C. ■

L'Asie mineure

Les Romains manifestèrent leur intérêt pour l'Asie Mineure sous le règne du roi séleucide Antiochos III, qui fut défait par eux à trois reprises, sur terre comme sur mer (190 av. J.-C.). Après que trois autres rois eurent cédé leurs territoires à Rome, il ne resta plus qu'à conquérir la Lycie et la Cilicie. Erigée en province en 101 av. J.-C., cette dernière région fut gouvernée par Cicéron (51-50 av. J.-C.). L'apôtre saint Paul, né à Tarse, en était originaire.

Les pirates

Des pirates, qui vivaient à terre mais se lançaient fréquemment à l'attaque des navires de commerce, écumaient cette partie de la Méditerranée. Après de nombreuses campagnes, ils furent écrasés en 67 av. J.-C. par Pompée le Grand.
Avant l'occupation romaine, les Grecs avaient établi d'importantes cités, le long des côtes notamment. Auguste fonda la plupart des colonies romaines d'Asie Mineure - dont celles d'Antioche, d'Olbasa et d'Iconium - et fit construire une route pour relier ces nouvelles colonies. Ailleurs, les Romains utilisèrent et améliorèrent le réseau de voies préexistant.

La Chypre romaine

Avant son intégration à l'Empire romain en 58 av. J.-C., Chypre avait appartenu à l'Egypte pendant près de deux siècles et demi. La capitale de l'île était Paphus, mais le port de Salamis en devint la principale cité commerciale. Les Romains exportèrent une grande part des matières premières de Chypre, comme le bois, le blé et le cuivre. Ceux qui exploitaient ainsi l'île s'enrichirent, mais les ressources de Chypre s'épuisèrent progressivement. ■

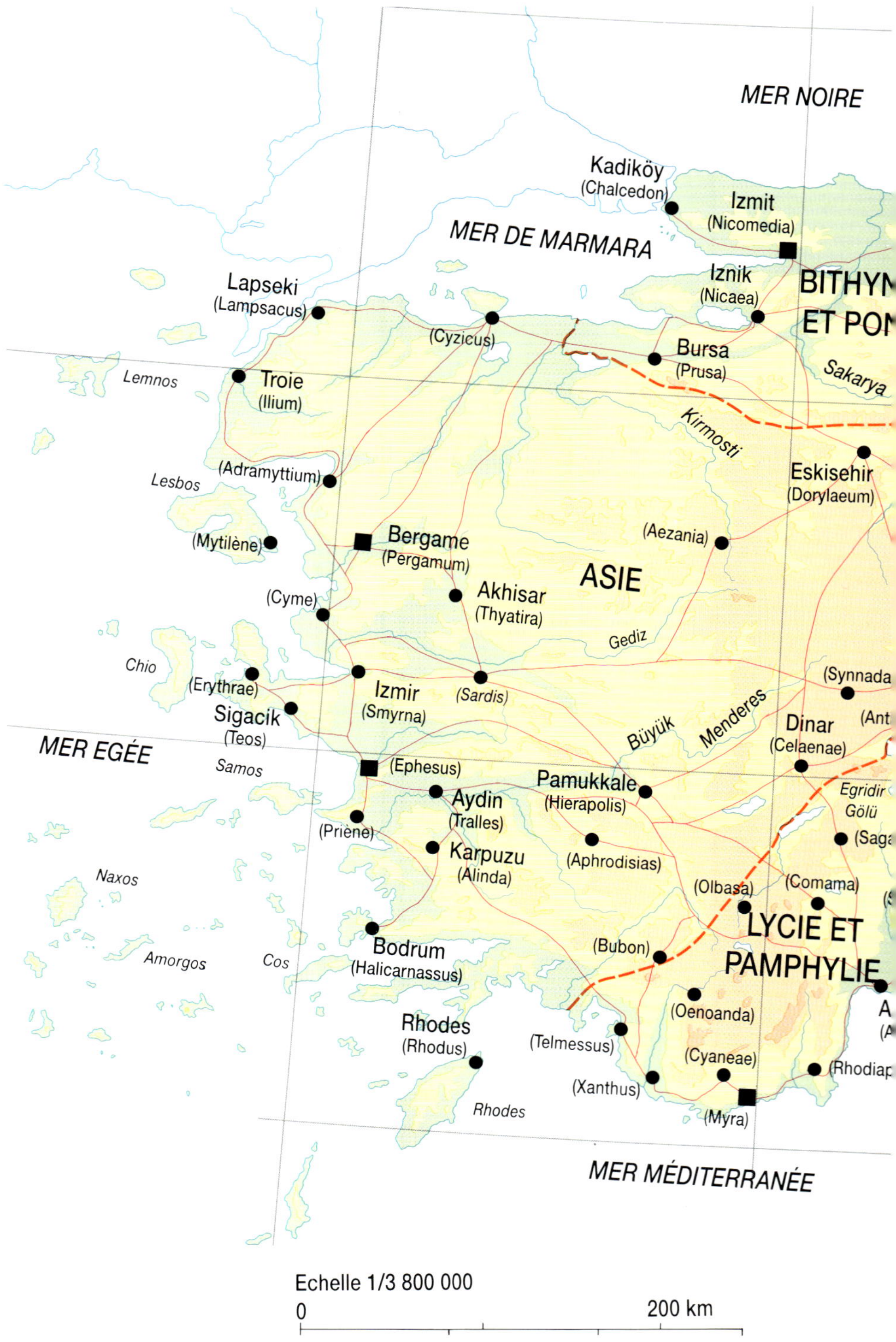

Cette mosaïque du IVe siècle fut découverte dans une maison de Curion, sur la côte sud de Chypre. Non loin de là se trouve un théâtre bien préservé.

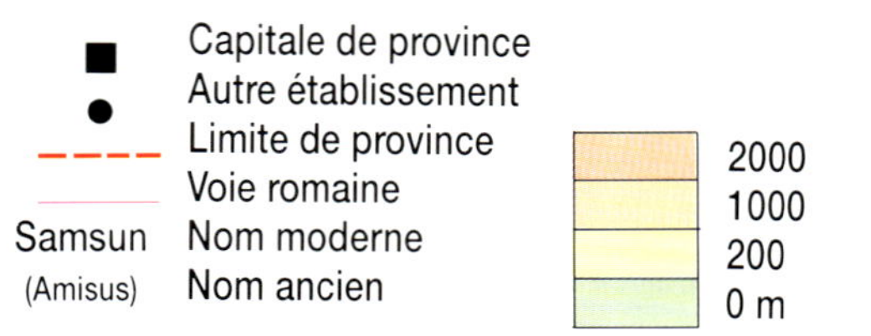

MER NOIRE
CHAINE PONTIQUE
Sinop
(Sinope)
Inebolu
(Abonuteichus)
(Amastris)
Samsun
(Amisus)
Eregli
(Heraclea Pontica)
(Side)
(Trapezus)
(Eupatoria)
(Claudiopolis)
(Gangra)
(Amasea)
(Comana Pontica)
Kelkit
(Nicopolis)
(Satala)
Ankara
(Ancyra)
(Tavium)
Sivas
(Megalopolis)
Euphrate
(Pessinus)
Kizil Irmak
CAPPADOCE
Lac Salé
Kayseri
(Mazaca)
GALATIE
Malatya
(Melitene)
(Garsaura)
(Cucusus)
Beysehir
Gölü
Konya
(Iconium)
(Tyana)
(Podandus)
Karaman
(Laranda)
(Anazarbus)
Ataniya
(Adana)
(Isaura)
CILICIE
(Tarsus)
MONTS TAURUS
(Soli)
(Issus)
Selimiye
(Side)
(Claudiopolis)
(Elaeusa)
Silifke
(Seleucia)
Gazipaza
(Selinus)
(Carpasia)
Lapithos
(Lapethus)
CHYPRE
(Limenia)
(Tamassus)
(Salamis)
Paphus
Larnaca
(Citium)
(Amathus)
(Curium)
5
4
3
2
1
D
E
F

EPHESE, CAPITALE ASIATIQUE

Le roi Attale III ayant légué son royaume à Rome en 133 av. J.-C., la ville d'Ephèse devint la capitale de la nouvelle province d'Asie. Ephèse, qui avait connu des années brillantes sous les Grecs, était célèbre pour son temple d'Artémis, l'une des Sept Merveilles du monde antique. C'était également un port de toute première importance.

Durant la période grecque, la cité était reliée au port et à la côte par un mur d'enceinte. Une route bordée de colonnes (assez semblable à la rue de Lechaion, à Corinthe) menait du port au théâtre. Celui-ci avait été construit au IIIe siècle av. J.-C. Sa restauration par les Romains, entamée en 41 ap. J.-C., ne fut achevée que quatre-vingts ans plus tard : le théâtre pouvait alors accueillir vingt-cinq mille spectateurs. La cité fut également dotée d'une bibliothèque, bâtie au IIe siècle ap. J.-C. en l'honneur de l'un des gouverneurs, Celsus.

Chaque année, les processions des fêtes d'Artémis (appelée Diane par les Romains) empruntaient cette voie pavée, du temple de la déesse au théâtre.

L'entrée du temple d'Hadrien, édifié au début du IIe siècle de notre ère. Les empereurs faisaient souvent l'objet d'un culte divin, en particulier dans les régions éloignées de Rome.

Saint Paul à Ephèse

Lors de son troisième voyage (52-55 ap. J.-C.), saint Paul se rendit à Ephèse, où il suscita des émeutes, son enseignement chrétien ayant eu pour effet d'irriter les orfèvres qui façonnaient les offrandes à la déesse Artémis. Un orfèvre du nom de Démétrius, s'adressant à une foule énorme rassemblée dans le théâtre de la ville, se plaignit du sacrilège ainsi infligé à la déesse tutélaire. La foule ne fut calmée qu'à grand-peine. Saint Jean l'Evangéliste séjourna également à Ephèse où, selon certaines traditions, il aurait été enterré. ■

Les plus fortunés des citoyens d'Ephèse possédaient de somptueuses maisons, dans le centre de la ville. Les murs de cette pièce sont ornés de peintures imitant le marbre.

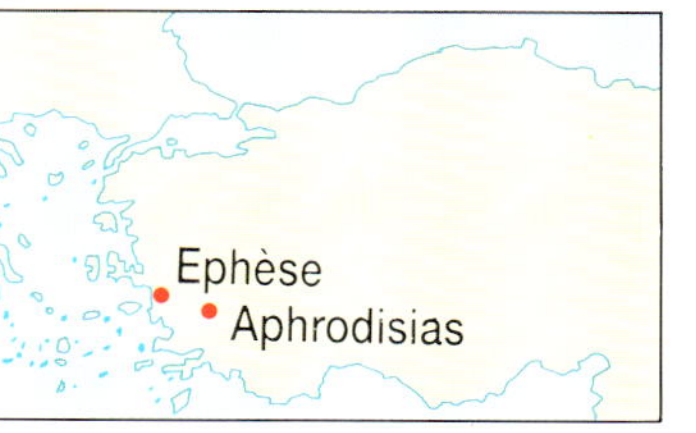

APHRODISIAS RETROUVÉE

Cette ville tire son nom de celui de sa divinité tutélaire : Aphrodite, déesse grecque de l'Amour et de la Beauté, que les Romains appelaient Vénus. Aphrodisias était un lieu de villégiature fort apprécié des généraux du Ier siècle av. J.-C., tels Sylla et Jules César, puis des empereurs Auguste et Hadrien.
Un temple d'Aphrodite fut édifié au Ier siècle av. J.-C. Au IIe siècle, Hadrien l'entoura d'un enclos ; quatre siècles plus tard, à l'instar de nombreux temples romains ou grecs, il fut transformé en église chrétienne.
La région d'Aphrodisias produisait un marbre d'excellente qualité, exporté dans tout le monde romain. La cité était réputée pour ses arts, notamment la sculpture : statues, bas-reliefs, ou sarcophages. L'influence des artistes travaillant à Aphrodisias s'étendit dans toute la Méditerranée, jusqu'en Afrique du Nord.

Distractions et spectacles
Au IIe siècle ap. J.-C., le grand théâtre fut transformé en arènes où se déroulaient des combats de gladiateurs et de fauves. L'odéon qui se dressait en face du temple d'Aphrodite accueillait des concerts et des récitals. La ville était également dotée de thermes et d'un stade où s'affrontaient athlètes et conducteurs de chars (le site de ce stade est visible en haut à droite de la photographie aérienne ci-contre).
Oubliée pendant des siècles, Aphrodisias commenca d'attirer voyageurs et archéologues au XIXe siècle. Depuis lors, des fouilles se succèdent régulièrement sur ce site, l'un des plus spectaculaires de l'Empire romain. ■

Vue aérienne d'Aphrodisias avec, au premier plan, le théâtre construit sur la pente de l'éminence naturelle de la ville grecque - l'acropole. Plus haut sur la photographie, on peut voir les colonnes du temple d'Aphrodite. Les amas de pierres, en bas à droite, proviennent des fouilles.

La Vie urbaine

"Il n'est pas de calme ou de paix dans la ville pour les pauvres. Dès l'aube les maîtres d'école nous empêchent de mener une vie normale. Après, vient le tour des boulangers ; et puis, les chaudronniers martèlent toute la journée."
Ainsi le poète Martial décrit-il la vie à Rome. Un autre écrivain, Juvénal, évoque les rues étroites encombrées de charrettes où se presse une foule qui jure et se bouscule, les trottoirs et les chaussées d'une saleté repoussante.
Les villes romaines étaient certainement populeuses. Les boutiques et les échoppes débordaient sur la rue emplie des cris des marchands.

Les commerces
Les boutiques étaient signalées par des enseignes peintes ou des placards. Dans toutes les villes, on trouvait la *thermopolia*, plat chaud à déguster sur place ou à emporter. De nombreux commerces étaient des affaires familiales, qui employaient des esclaves ou de jeunes apprentis.
Les denrées n'étaient pas préemballées. On achetait son pain à l'endroit où le grain avait été transformé en farine, où la pâte avait été pétrie et cuite. Si l'on voulait une paire de sandales, le cordonnier les réalisait aussitôt. Dans son échoppe, le ferronnier fabriquait et vendait des couteaux et autres ustensiles.

Le logement
Martial et Juvénal se plaignaient des conditions de vie des pauvres, les *humiliores* qui, dans les villes, habitaient le plus souvent des immeubles délabrés, au-dessus des boutiques. A Rome, ces immeubles atteignaient parfois une hauteur de six étages - ce qui était moins fréquent dans les autres villes. Des incendies ravageaient souvent ces constructions de bois.
Les riches, les *honestiores*, pouvaient bénificier d'un certain calme en ville. A Rome, ils construisaient leur maison à flanc de colline, à l'écart des rues les plus animées. Leurs demeures souvent encloses, fraîches en été, disposaient d'un certain confort.

Les rues
Sous les rues couraient les canalisations d'adduction et d'évacuation d'eau. L'eau se déversait généralement dans des bassins de pierre installés au coin des rues. La plupart des gens, qui ne bénéficiaient pas d'un système privé d'alimentation en eau, se servaient à ces fontaines. Dans de nombreuses villes, les chaussées - voire les trottoirs - étaient pavées. ■

Cette cliente est assise avec sa liste d'achats inscrite sur une tablette de cire, tandis que le boucher prépare sa commande. Sur la droite, on remarque une balance.

Cette marchande saisit un objet sur une étagère. La vie quotidienne des Romains est connue grâce à de telles sculptures. Elles figuraient sur les sépultures des artisans et marchands, en toutes régions de l'empire.

Scène de rue dans une ville romaine. *"Nous vivons dans une cité étayée de grêles béquilles - car c'est ainsi que les propriétaires empêchent les maisons de s'écrouler. C'est là où il n'y a pas d'incendies qu'il faut vivre."* (Juvénal) .

TERRES D'ORIENT

L'Empire romain s'étendit vers l'est en absorbant un certain nombre d'anciens royaumes. Après avoir conclu des traités avec ces Etats, Rome prenait en main leur administration.
Cette politique s'appliqua tout d'abord en Judée, en 6 ap. J.-C. - même si les Romains ne prirent totalement le contrôle de cette région qu'en 44, et durent faire face à de fréquents soulèvements des Juifs. La Syrie devint romaine en 64, l'Arabie en 106 et la Mésopotamie septentrionale en 114.

Les vestiges de l'imposant temple de Jupiter construit au Ier siècle ap. J.-C. à Héliopolis (Baalbek), dans la province de Syrie.

Maintenir la paix

L'empereur Trajan (97-117) consolida les frontières de l'empire aux marges orientales de l'Arabie et de la Syrie. Un réseau de voies pavées et de puissantes forteresses fut construit dans le désert. Ces forts étaient souvent de plan carré, et possédaient une grande tour ronde à chacun des coins. Trajan envoya six légions pour occuper et pacifier la région. La présence de soldats en grand nombre, de forts et de routes favorisa le développement du commerce entre cette partie de l'empire et Rome. A Héliopolis (la ville du Soleil), fut aménagé un gigantesque sanctuaire. Le dieu Soleil, assimilé à Jupiter, y était adoré avec Vénus et Minerve.

La citadelle d'Edesse, au nord de la Mésopotamie.

Cette mosaïque représente une riche famille d'Edesse. Bien que la Mésopotamie fût une province romaine, les personnages portent des vêtements orientaux, et leurs noms sont écrits en syriaque.

Echanges avec l'Orient

L'Orient exportait de nombreux produits vers les autres régions de l'Empire : bois, tissus, verre et articles de cuir, par exemple. Le port de Tyrus (Tyr) était réputé pour sa pourpre, que les Romains employaient pour teindre leurs vêtements. D'Orient provenaient également diverses substances aromatiques (telles la myrrhe ou l'encens) et médicinales.
Les caravanes de chameaux d'Arabie assuraient le transport d'une grande partie de ces produits ; selon certains auteurs romains, elles pouvaient parcourir quelque trente-cinq kilomètres par jour. Rome commerçait même avec l'Inde et la Chine (épices et soieries), ce qui amena de nombreux Orientaux à voyager vers l'Occident.

Les animaux exotiques

Plusieurs provinces fournissaient les animaux exotiques massacrés dans les amphithéâtres de tout l'empire, et dans ceux de Rome en particulier. Les bêtes - tigres, lions, léopards, onagres - étaient rassemblées à Hiérapolis, dans le nord de la Syrie, avant d'être expédiées par bateau vers Rome, via le port d'Alexandrie. ■

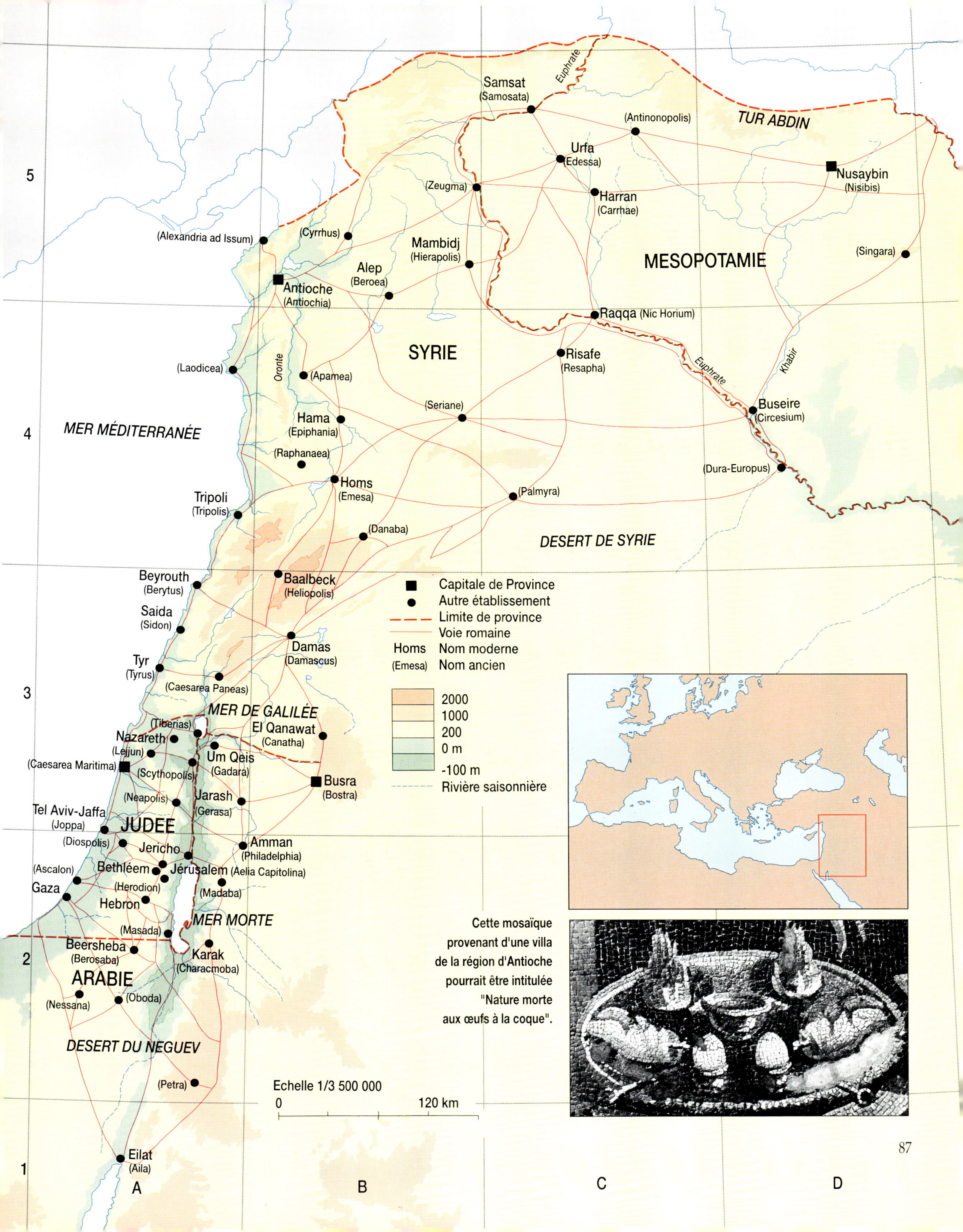

Cette mosaïque provenant d'une villa de la région d'Antioche pourrait être intitulée "Nature morte aux œufs à la coque".

Oasis et Citadelles

Palmyre

"Le collecteur d'impôts percevra... pour les aliments séchés portés par un chameau... pour la laine pourpre... pour la myrrhe importée dans des outres... pour l'huile d'olive transportée par un âne" (Règlements douaniers, 137 ap. J.-C.) Palmyre (Palmura, la ville des palmiers) était une oasis du désert de Syrie, où passaient les caravanes de chameaux et d'ânes qui transportaient des produits de luxe depuis l'Inde, la Chine et l'Arabie vers les ports de Tyr et de Sidon. Elle fut incorporée à la province de Syrie en 18 ap. J.-C. et érigée en colonie sous Caracalla, au début du IIIe siècle.

Les ruines de l'oasis de Palmyre. Au-delà des arbres de la zone fertile s'étend le désert. Les caravanes commerciales passaient par la ville sur le chemin de l'Euphrate et du golfe Persique.

De magnifiques édifices

Au milieu du IIe siècle ap. J.-C., la ville était prospère et splendide. Une large avenue bordée de colonnes la traversait sur près d'un kilomètre. A l'orée de la cité, un immense temple dédié au dieu Baal fut édifié ainsi que de vastes nécropoles dotées de tours funéraires. Palmyre comptait d'autres temples, consacrés aux divinités locales et bâtis grâce aux subsides d'une riche aristocratie. Le forum de la ville était certainement utilisé pour le chargement et le déchargement des caravanes. ■

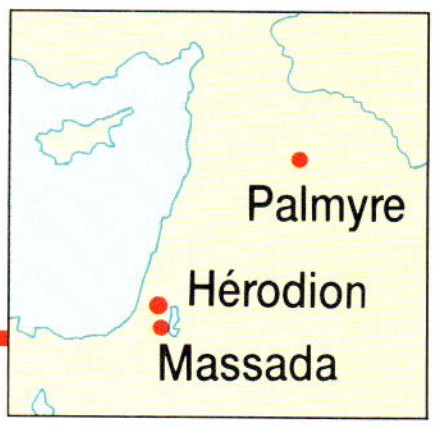

MASSADA

Les Juifs se soulevèrent à plusieurs reprises contre la domination étrangère. En 66 ap. J.-C., ils prirent les armes contre les troupes romaines stationnées à Jérusalem. Néron envoya alors une armée forte de cinquante mille hommes pour écraser la rébellion. Jérusalem fut reprise en 70, dans un bain de sang.
Les Romains pensaient avoir mis fin à la révolte, mais un groupe de patriotes juifs, les Zélotes, poursuivit la lutte. En 66, ils prirent la forteresse de Massada ; le siège de la citadelle, qui eut lieu sept ans plus tard, fut relaté par l'historien Flavius Josèphe, qui y avait assisté dans les rangs des Romains.

La montagne assiégée

Josèphe décrit la façon dont le commandant de l'armée romaine, Flavius Silva, fit bâtir une énorme rampe d'assaut en terre contre la montagne. *"Au sommet de cette rampe, ils construisirent une plate-forme de pierre, sur laquelle ils élevèrent une tour de vingt-sept mètres de haut, protégée par des plaques de fer".*
Malgré leur position fortifiée, les Juifs savaient qu'ils ne pouvaient tenir contre l'armée romaine : neuf cent soixante d'entre eux choisirent de se donner la mort plutôt que de se rendre. Une femme et ses cinq enfants, qui s'étaient cachés dans une citerne, racontèrent à Josèphe les derniers jours de Massada. ■

Une vue de Massada avec, à gauche, la rampe d'assaut construite par les Romains en 73. On distingue les traces des camps des légionnaires, de forme carrée.

Vue aérienne d'Hérodion, palais fortifié du roi Hérode.

L'EGYPTE

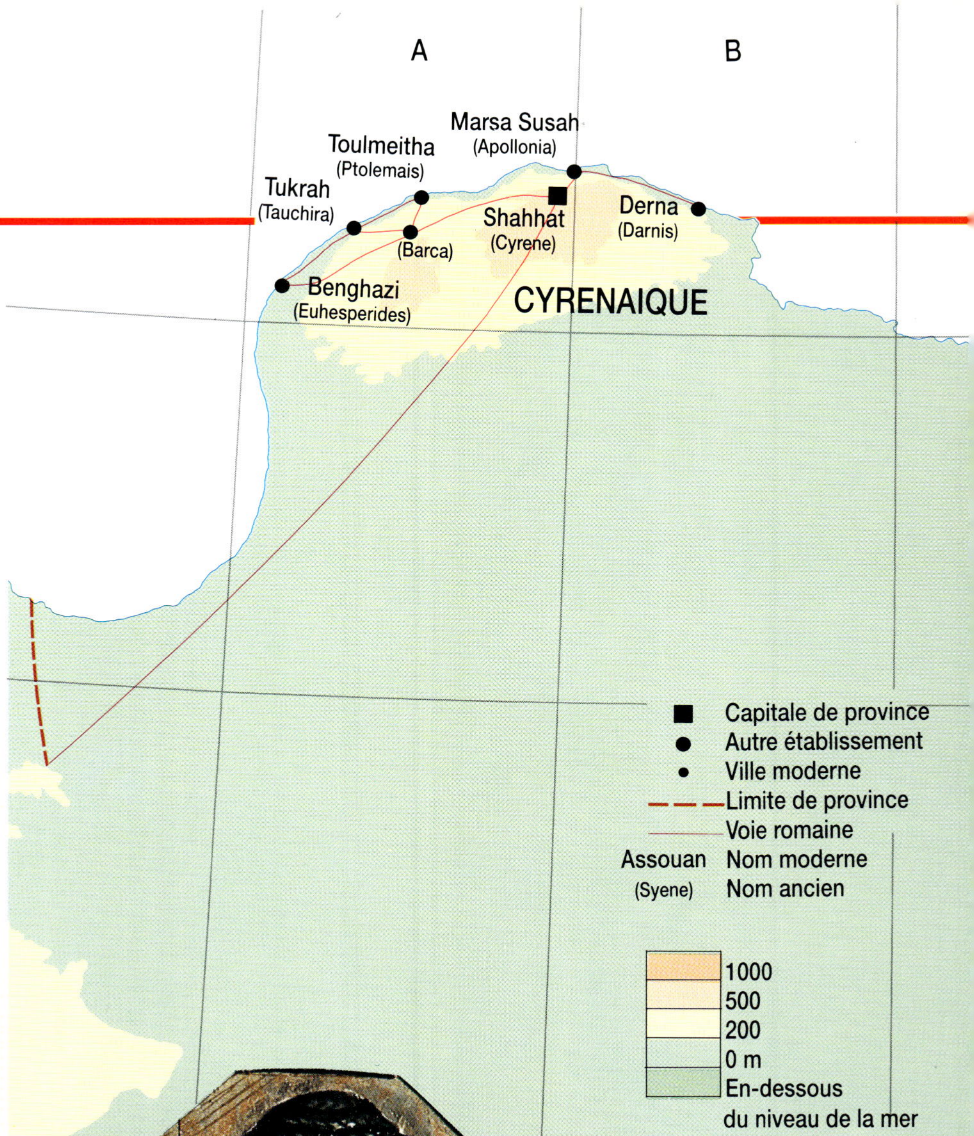

Après avoir conquis l'Egypte, en 330 av. J.-C., le roi de Macédoine Alexandre le Grand fonda la ville d'Alexandrie, à laquelle il donna son nom et qui devint un grand centre d'influence et de culture grecques. A la mort d'Alexandre, un général macédonien du nom de Ptolémée prit le titre de roi d'Egypte ; après lui, tous les rois égyptiens furent appelés Ptolémée.

Les derniers des Ptolémées

Un siècle plus tard, les Romains commencèrent à manifester leur intérêt pour l'Egypte, où ils assirent progressivement leur autorité. Au Ier siècle av. J.-C., les Ptolémées n'occupaient plus le trône d'Egypte que par la grâce de Rome.

Ptolémée Aulète (le Joueur de flûte) désigna pour lui succéder sa fille Cléopâtre et son fils Ptolémée, mais en les plaçant sous la protection de Rome. En 30 av. J.-C., Octave (le futur Auguste) annexa l'Egypte à l'Empire romain.

Du blé pour Rome

Alexandrie, capitale et principal port d'Egypte, était la deuxième plus grande ville de l'empire. C'est par elle que transitaient les énormes quantités de blé qu'exportait la province, principalement vers Rome. Grâce à la crue annuelle du Nil, l'Egypte était assez fertile pour, en plus de ces exportations, nourrir ses sept millions d'habitants. L'Egypte était également exportatrice de papyrus (les Romains ne connaissaient pas le papier), de lin, de substances aromatiques et médicinales, d'olives et de dattes.

La Cyrénaïque et la Crète

La Cyrénaïque, qui s'étendait à huit cents kilomètres à l'ouest de l'Egypte, le long des côtes d'Afrique du Nord, devint province romaine en 74 av. J.-C., après avoir été une région de colonisation grecque. La ville la plus importante de la province, Cyrène, fut gravement endommagée en 115 ap. J.-C. au cours de la révolte des Juifs, mais Hadrien la fit restaurer.

La Crète, ancien foyer de la civilisation minoenne, fut conquise par les Romains en 69-67 av. J.-C., puis administrée avec la Cyrénaïque. Sa prospérité durant la période romaine se traduit par la présence dans l'île de nombreuses villas rurales. ■

Ce portrait funéraire sur bois montre l'élégance des parures égyptiennes.

La faune du Nil est représentée sur cette mosaïque retrouvée à Pompéi.

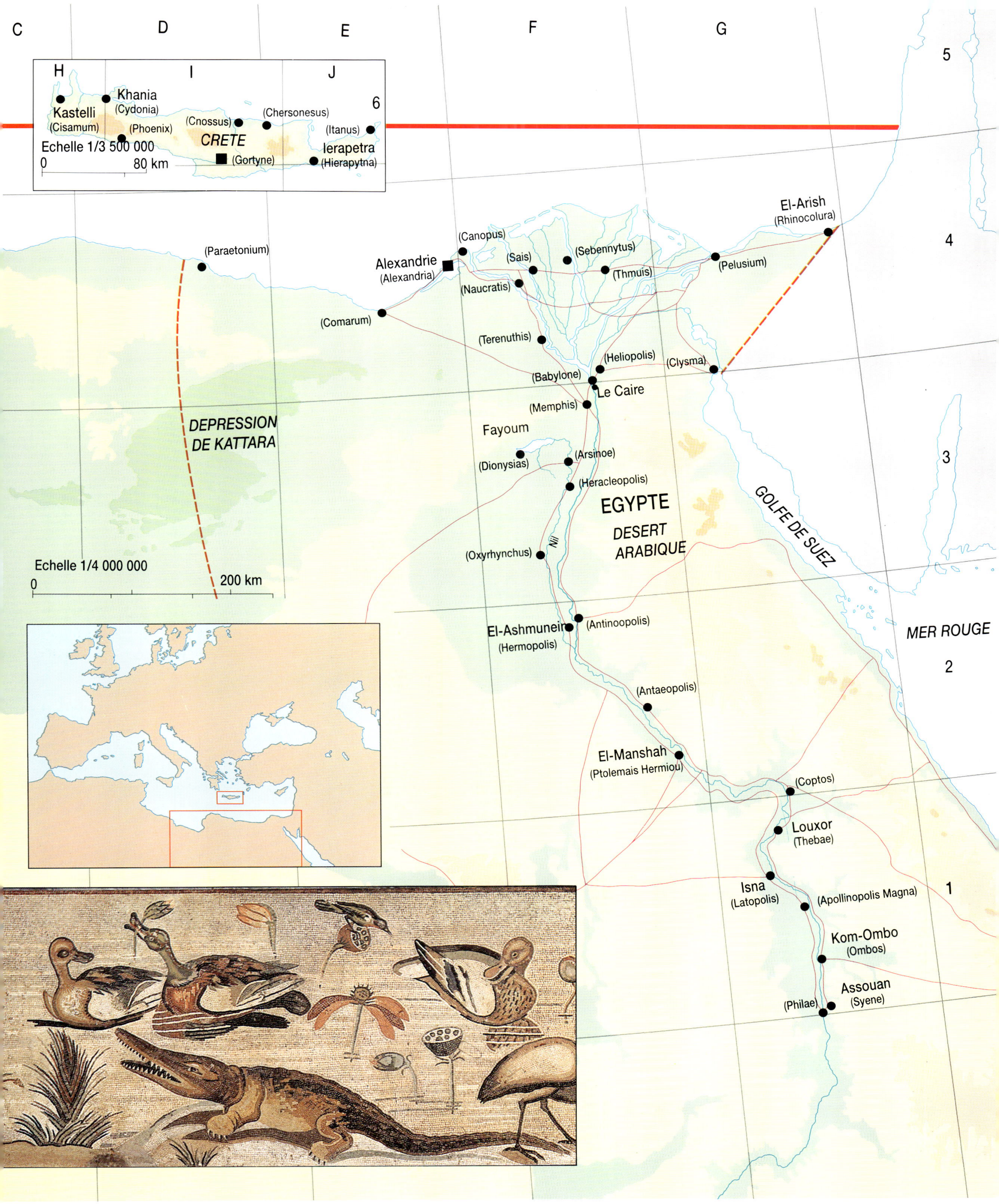

C
D
E
F
G
H
I
J
Khania
(Cydonia)
Kastelli
(Cisamum)
(Phoenix)
(Cnossus)
(Chersonesus)
(Itanus)
CRETE
Ierapetra
(Hierapytna)
(Gortyne)
Echelle 1/3 500 000
0
80 km
6
5
4
3
2
1
El-Arish
(Rhinocolura)
(Paraetonium)
(Canopus)
Alexandrie
(Alexandria)
(Sais)
(Sebennytus)
(Thmuis)
(Pelusium)
(Naucratis)
(Comarum)
(Terenuthis)
(Heliopolis)
(Clysma)
(Babylone)
Le Caire
(Memphis)
Fayoum
DEPRESSION
DE KATTARA
(Dionysias)
(Arsinoe)
(Heracleopolis)
EGYPTE
DESERT
ARABIQUE
GOLFE DE SUEZ
Nil
(Oxyrhynchus)
Echelle 1/4 000 000
0
200 km
El-Ashmunein
(Hermopolis)
(Antinoopolis)
MER ROUGE
(Antaeopolis)
El-Manshah
(Ptolemais Hermiou)
(Coptos)
Louxor
(Thebae)
Isna
(Latopolis)
(Apollinopolis Magna)
Kom-Ombo
(Ombos)
Assouan
(Syene)
(Philae)

GLOSSAIRE

Amphithéâtre
Vaste édifice circulaire ou ovale à gradins, dans lequel combattaient les gladiateurs.

Amphore
Grand vase à deux anses servant à transporter et conserver l'huile d'olive, le vin ou les céréales.

Aqueduc
Canal destiné à acheminer l'eau vers les villes. Il était parfois supporté par des ponts à arcades.

Barbares
Les Romains désignaient sous ce nom tous ceux qui n'étaient pas Romains ou ne parlaient pas latin.

Basilique
Grand édifice rectangulaire se terminant par une abside, où se tenaient les cérémonies et séances de tribunal.

Censeur
Magistrat élu s'occupant du recensement de tous les citoyens romains.

Centurion
Officier placé à la tête d'une centaine de légionnaires romains.

Colonie
Ville créée dans les provinces à l'intention des vétérans de l'armée et de leurs familles.

Consul
Magistrat suprême de la République romaine. Chaque année, deux consuls étaient désignés pour assumer la responsabilité du gouvernement, de l'armée et des tribunaux.

Curie
Lieu où le Sénat se réunissait pour débattre des affaires publiques.

Diocèse
Nom donné par l'empereur Dioclétien aux douze circonscriptions administratives de l'empire.

Empereur
(en latin, ***Imperator***)
Titre adopté par Auguste et qui désignait le chef souverain de l'Etat romain.

Forum
A l'origine, place du marché dans une ville romaine (les Grecs employaient le mot *agora*). La plupart des édifices publics d'importance y étaient regroupés.

Gladiateur
Homme qui dans l'arène de l'amphithéâtre combattait contre d'autres hommes ou contre des bêtes féroces.

Hypocauste
Dispositif de chauffage employé principalement dans les thermes. La chaleur d'un fourneau souterrain circulait dans des canalisations installées dans les planchers et dans les murs.

Insula
(littéralement île)
Pâté de maisons, ou haut immeuble divisé en logements, dans les villes.

Légat
Commissaire du Sénat, chargé de veiller à l'administration des provinces de l'empereur.

Légion
Corps de troupe de l'armée romaine qui, au Ier siècle ap. J.-C., comprenait environ 5500 citoyens romains.

Mosaïque
Assemblage décoratif de petits fragments de pierre, de terre cuite ou de verre, qui recouvrait certains murs ou planchers.

Odéon
Petit théâtre consacré aux chants et à la musique.

Orateur
Magistrat ou homme politique réputé pour ses discours en public.

Papyrus
Feuille pour l'écriture fabriquée à partir d'une plante des bords du Nil.

Patriciens
Membres de la classe privilégiée de la société romaine sous la République. Ils prétendaient descendre des premiers habitants qui s'installèrent à Rome.

Plébéiens
Membres de la classe populaire de la société romaine.

Préteur
Magistrat qui interprétait et faisait appliquer la loi.

Procurateur
Intendant des domaines impériaux dans les provinces, ou gouverneur de petites provinces.

Province
Territoire conquis par Rome hors de l'Italie et administré par un gouverneur.

Questeur
Magistrat chargé de la gestion des fonds publics.

République
(*res publica*)
Nom sous lequel les Romains désignaient leur système de gouvernement, reposant sur l'élection aux charges publiques de délégués des citoyens.

Sénat
Conseil d'Anciens qui formaient à Rome une sorte de parlement, réuni pour discuter des affaires publiques et conseiller les magistrats en exercice.

Thermes
Etablissement de bains publics, qui comprenait notamment des salles froides, tièdes et chaudes (*frigidarium*, *tepidarium* et *caldarium*), ainsi que des étuves sèches (*laconicum*).

Toge
Manteau sans couture, de laine ou de lin, que seuls pouvaient porter les citoyens.

Villa
Domaine agricole, résidence de campagne ou de bord de mer. ■

INDEX GÉOGRAPHIQUE

Cet index permet de retrouver un nom sur une carte. Le premier nombre indique la page ; la lettre suivie d'un chiffre précise la partie de la carte concernée. Exemple :
Agen (Aginnum) 61 B2, *lire :* page 61, colonnes B *(verticale)* et 2 *(horizontale).*

Index